中国文博名家画传

柴泽俊

晨 舟 张传泳 著　　文物出版社

封面设计　张希广
责任印制　王少华
责任编辑　周　成　陈　峰

图书在版编目（CIP）数据

柴泽俊／晨舟，张传泳著．—北京：文物出版社，
2009.8
（中国文博名家画传）
ISBN　978-7-5010-2752-1

Ⅰ．柴… Ⅱ．①晨…②张… Ⅲ．柴泽俊－传记－画册
Ⅳ．K826.16-64

中国版本图书馆CIP数据核字（2009）第053248号

中 国 文 博 名 家 画 传

柴 泽 俊

晨　舟　张传泳　著

*

文 物 出 版 社 出 版 发 行
北京市东直门内北小街2号楼
（邮 政 编 码　100007）
http：//www.wen wu.com
E-mail：web@wen wu.com
北京燕泰美术印刷有限公司制版
北京市达利天成印刷有限责任公司印刷
新 华 书 店 经 销
965×1270　　1/32　　印张：7
2009年8月第1版　2009年8月第1次印刷
ISBN 978-7-5010-2752-1 **定价：80元**

目 录

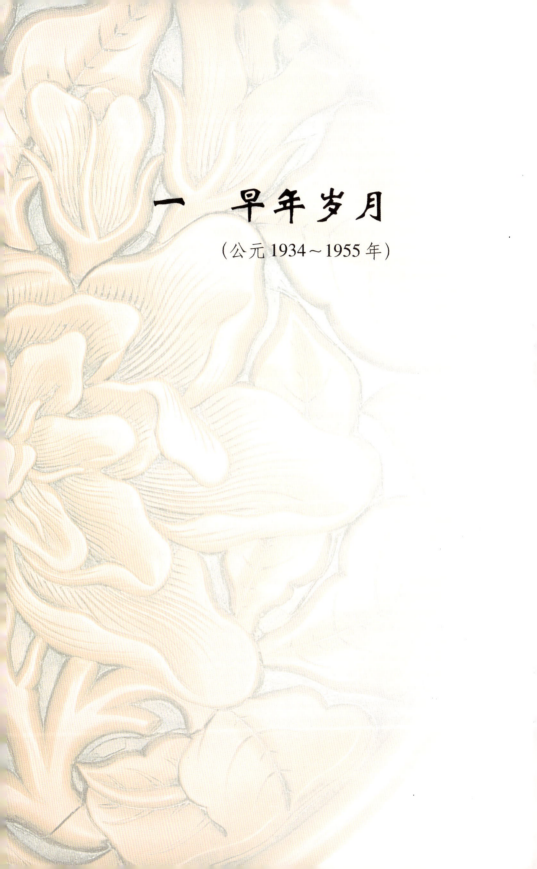

一　早年岁月

（公元 1934～1955 年）

（一）父亲去世之谜

山西临汾古称平阳，地处山西南部。因位于古平水之阳而得名。又因是尧舜之都，故称尧都平阳，也叫唐都平阳。汾河之水南北纵贯其间，汇入黄河水域。这是一块传播文明的神奇土地，滋养出灿烂的平阳地域文化，孕育出无数杰出的才俊之辈。汉代的卫青、霍去病、霍光名扬史册。东晋法显以及记载他艰难历程的《佛国记》，在我国佛教史上占有重要地位。历经一千五百多年的沧桑岁月，在这块土地上又诞生了一个与法显有着同样情怀的生命。这就是本书所要讲述的心系古建的护法使者柴泽俊。

公元1934年10月4日，柴泽俊就出生在山西临汾的东宜村（图一）。东宜村位于临汾市正西四十华里的汾河西侧，与它相连的是西宜、刘村、界峪、段村、西马册等四五十个村庄。这里村庄毗邻，沃野千里。再往西行，便是吕梁山脉延伸的山峰叫姑射山。其主峰叫平山。平山脚下泉水蜂涌，湍流东去，称为平水。据《元和郡县志》记载："平山，在县西八里，平水出焉，今名姑射山。"平水主泉叫金龙池，距临汾市四十华里。在这东西宽阔、南北纵横达一华里的地段上，处处泉涌穴汇，水溢地表。其水清澈晶莹，水下泉眼密集，灌溉着数百个村庄，泽被万亩千田，养育着几十万尧都子民。东宜村便是这得天独厚的自然村落之一。全村有三百多户，主要是由四个大姓氏柴姓、李姓、孙姓和郭姓组成。其中柴姓和李姓又是这个村的大户家族。柴姓分布在村东、李姓居住在村西。据《山西通志·秦汉以来别谱》所载："平阳郡著望二十三姓。其柴氏、姜氏、齐文公子高之后，有柴高子孙以为氏。"由于年代久远和资料欠缺，村中柴姓与《通志》记载的柴氏有何渊源待考，但东宜村的柴氏祖祖辈辈就生活在这里却是事实。

柴泽俊的曾祖父叫柴百朋，生于公元1850年。从小聪明，人缘很好，勤奋一生。除了继承祖上留下的一套三间屋的院落和二十多亩地，还先后生育了四个儿子，即长子作栋、次子作梅、三子作梁、四子作庭。这"作"字辈的四个兄弟也都是日出而作，日落而息，与他们的父辈一样具有北方农民的淳朴、慈厚、勤劳的品质。四个儿子都读了几年私塾，在村里也算是能识文断字的人了。特别是老二作梅，喜爱读书，几年私塾下来，便跟着乡村一位中医学起医来。先是替人抓药、送药，渐渐地也能治些小病。加上为人和善，又乐意助人，因此在这十里八乡也有了些名气。看病的人不论远近都来找他，所以他在这一带口碑很好。很快，年已二十五岁的作梅与邻村的一位姑娘结婚。这一年是公元 1905 年。

四个儿子中，老二作梅家境略为富裕，平日给全家出力也最多。他在东傍院后的东南临街的角上开了一间药铺，在这一带影响很大，

一　山西临汾东宜村西后院（柴泽俊的出生地）

以致于解放多年仍有许多人都记得"东宜药铺"和他的主人。这部分收入成为整个大家庭中主要的经济来源。遗憾的是，在日本人占领临汾后，药铺无奈地倒闭了。

公元1908年春，柴百朋终于迎来了他的第一个孙子，即作梅的第二个孩子。一个呱呱坠地的男孩，给这个家庭带来了喜庆和希望，取名延盛，意寓人丁昌盛。这就是中国老百姓最普遍的寄托。此前一年作梅的长女延第出生，几年后作梅又有了第三个女儿延桃和第四个男孩延英。作梅仍以看病、抓药和种父亲分给他的五六亩地养活全家，日子也算过得去。他遵从习俗，送家中的男孩去读书。

公元1925年，延盛考上山西大学堂。全家人欢天喜地，柴家第三代人终于圆了上大学堂的梦。学校的管理是有序的，也是严格的。尽管社会动荡，但学生们并没有辍学、离校和回家。每月两次军事课，学《步兵操典》等军事讲座，每年还有两次野外锻炼与打靶。生活困难的可领到每月三元钱的生活费，学习好的可得到一定的奖学金。延盛学习一直很努力，再加上他的聪明，故而常是"榜榜第一"。每当家里接到这些荣誉，全家着实高兴一番。学校的教育理念也是新潮的。这个学校经过"五四"运动的洗礼，开始传播马列主义。在这一期间，彭真等共产党人组织成立了山西学生联合会，发动了民权运动、反帝运动和反基督教运动。这些运动都是由学生参加，并形成很大反响。它们对正在读书的延盛产生了很大的影响。每次放假回乡，他都给这个古老而闭塞的乡村带来许多新的信息和时局形势。以致于他家中的油灯常常亮到天明，人们才依依不舍地离开。在大学堂里，延盛最喜欢听一个叫赵效复的教师讲课。赵效复，字则轩，是赵戴文的长子，早年留学日本明治大学法律科，回国后一直在山西大学堂任日语教授。他除了讲日语，还讲法律，甚至还讲社会主义学说史。这一内容是延盛自身专业所及，更是他喜欢听的课。

公元1929年6月，延盛完成学业，回到了家乡。家里早就为他做好准备，所以一回到家就办了婚事，并于第二年有了长子文俊。公元1930年5月，蒋、冯、阎中原大战，使大半个中国又处于战火纷飞之中。整个山西的经济和人民生活成为民国时期最混乱的阶段。作梅的东宜药铺已经是勉强维持了，靠种地这点收入又养活不了全家。听说山东有个矿业公司招人，延盛就在长子文俊不到二岁时去了山东。一年多的时间没有他的音讯，妻子孙氏和全家十分焦急。后来，有人捎回他给家挣到的一点钱，虽不多却说明他还活着。此后，延盛便偶尔还能回来看看。每当这个时候，全家就像过年那样热闹，妻子脸上也洋溢着开心的笑容。公元1934年10月4日拂晓，几声响亮的婴儿啼哭声划破了黎明前的村庄，延盛的第二个男孩出生了。这个男婴就是柴泽俊，奶名僧郎。不知是巧合，还是天缘，他的乳名竟与他今后一生的事业相连。这在当时是谁也想不到的。

延盛在家没待多久，便又去了山东矿业。公元1936年2月，落脚在陕北的红军开始东渡黄河，提出北上抗日，并夺取了中阳、石楼、永和、隰县等纵横二百里地带，建立了根据地。山西形势骤然紧张。一天，一位延盛大学的同学找到家里，说要见延盛。作梅本不想告知儿子的去向，但见来人态度恳切，言谈不俗，就答应尽快找儿子回来。不久，儿子风尘仆仆地回到家中，并与这位同学彻夜长谈，时而低语，时而大笑。几天后，儿子便背着简单的行李，告别家人，去了西边。4月9日，阎锡山发布向集中在孝义、隰县以西一带红军的攻击令。蒋介石与张学良也飞抵太原，并分别封锁了黄河各渡口，同时令东北军、西北军和甘肃、宁夏地方武装向陕甘根据地进攻。红军东进北上抗日受阻，5月5日回师陕北，东征结束。这几个月以来，全家人坐卧不安，也不知儿子去了哪里，干些什么。后来终于收到他的信，很短，只说是在外边教书，让家人放心，可一直也没收到过他给家里挣的钱。当时，泽俊仅两岁，母亲孙氏带着他和六岁的哥哥只得靠给人做针线活和洗衣服补贴家用。

同年9月18日，在太原的海子边成立了"山西牺牲救国同盟会"。延盛回到家乡住了几天，说是要到晋中一带办事，顺便留下了带回的部分行李就走了。刚开始还有信来，但后来渐渐少了。到了公元1937年春天，家里一直没有延盛的消息。父亲作梅似乎感到不妙，常常与延盛的母亲暗自担心，还得安慰儿媳孙氏，说他一年半载没有消息的事已经很常见了，也许脱不了身，顾不上写信。5月的一天，终于有了延盛的消息，但这消息犹如一声霹雳，震惊了全家，震惊了柴门一族，震惊了东宜全村：延盛病死了。什么病？尸体在哪？不到三十岁年龄，走时又是健健康康的，怎么会突然……这一连串的疑问装满了父亲作梅的脑子。全家人悲痛欲绝，儿媳孙氏更是哭得死去活来。此时的柴泽俊不到三岁，哥哥七岁。哥哥略懂事了，哭着呼喊着"爸爸……爸爸……"泽俊也跟着哭叫着。

家人打开延盛走时留下的遗物，除了几件换洗的衣物，只有一支笔、几个笔记本和两本泛黄的油印小册子。作梅颤抖着双手打开书，只见书封上写着《列宁文选》《陈独秀文集》。老人看不懂，也没把它当回事，只是沉浸在失去儿子的痛苦中。没有人能告诉他，儿子是怎么死的，就连当初那个到他家找儿子延盛的同学也没了音信。人生有三大不幸，幼年丧父，中年丧夫，老年丧子。霎那间，全都降临在这个祖孙三代之家。延盛死时，年仅二十九岁。死因至今是个谜。泽俊依稀记得父亲当年获得"六榜第一"的木制牌匾后来被家里用做厨柜档板。

（二）避难参峪村

公元1937年的"七·七事变"后，中国人民的全面抗战开始了。9月13日大同沦陷，10月26日娘子关失守，11月2日忻口战役结束，11月8日太原沦陷。阎锡山于11月24日到达晋南重镇临汾，准备依托灵石、霍州的险要山势阻止日军进攻。刘少奇率领的北方局也由太原转移到刘村，第十八集团军总部同时到达临汾。此时的临汾已成为领导山西及华北抗战的政治和军事中心。

作梅看到这兵荒马乱的日子，觉得东宜村住不下去了，得找个安全地方。他找同族的家人商量说："我琢磨离咱东宜十几里地的参峪村是个避难地。那里村民少，又在姑射山沟里，偏僻而安全。我与那个村的村长李俊杰的父亲有交情，要不咱先到那里躲避些日子，看看时局如何再定。"大家都同意了。参峪村位于临汾市正西二十华

二　柴家参峪村避难地一角

三　柴家在参峪村的居住地

里，地处姑射山脚。姑射山是吕梁山系中一个支脉。这是几十户人家的小村，山脚下有一眼泉水。这里的村民就靠这山和水世代相传。很快作梅就在这个村搭建了他们的临时避难所。泽俊兄弟俩和母亲就与柴家的其他族人住在一起，后山上还有几间窑洞供作梅老俩口住。东宜村只留下老大作栋和老三作梁看守。谁也没有想到在这里一住便是八年，直到抗战胜利。刚满三岁的柴泽俊就在这里开始了他的童年和少年生活（图二、三）。

转眼到了公元1937年底，下了入冬以来的第一场雪。爷爷作梅的身体终于撑不住了。这一年以来，他承受着失去儿子的痛苦，肩上压着三代人生活的担子，加上时局的动荡使小小药铺不得已倒闭。心力交瘁，使他五十七岁便离开了这个使其牵挂不尽的世界。在他临死前所做的最伟大的事，便是使柴门之后有了一个较为安全的避难地。公元1938年2月28日，日军攻占临汾。临汾周边一大片平原沦陷于日军的铁蹄之下，晋绥军和八路军都已撤走，仅有小股部队游击作战。阎锡山去了吉县克难坡，据说还是经过参峪村翻姑射山走的。日本人占领临汾后，很快就在附近最大的刘村镇修建了据点，驻了一个团的兵力。柴泽俊的母亲在二十八岁时失去了丈夫，带着两个幼小的孩子。就像千千万万个中国农村妇女一样，她认为这是应该做的。这两个孩子便是她的希望。

柴泽俊到了该读书的时候了。他们回不去原来的村子，好在这个村的村长是个读过书的人。为了让孩子们能够念书，他通过关系到城里找了一个老师，又在村山沟的半腰上挖三眼土窑，用石头垒了书桌和讲台，架几块木板，就把孩子们按年龄分了三个班，每个班十来个学生，柴泽俊和哥哥被分在两个不同的班。只要老师一讲，小哥俩就能很快记熟，很受老师喜欢。遗憾的是，上课总是断断续续，要不就是老师不能来，要不就是日本人进村了。但不管怎样，柴泽俊的考试成绩一直很好（图四）。时断时续的上课坚持了几年，聘请的老师也已经换了几任，再也找不到愿意来上课的老师。孩子们面临失学的可能，村长李俊杰终于和姑射村的村长决定由附近几个村庄共同请老师，地点就设在姑射村，条件较参峪村好些。生活陷入困境的全家人，主要靠母亲在农忙时节带他哥俩回东宜村的地里做农活为生。那时是一地二收，夏季收些麦子，再种上玉米和谷物等。这段时间学校不再上课，两个才十岁上下的孩子就开始承担田间的劳作了。农闲时，他们再读书。哥哥文俊十三岁后能帮母亲干活，也就不再念书了。

当时的柴泽俊才九岁，便随其他同学转到了姑射村读书。到姑射村有大道可走，但由于日本人占领了所有通向临汾的大道，因此只能走参峪村山谷底沿一条弯曲的小道。这条路阴森而坑多，很不安全。恰好参峪村村长的儿子李官印与柴泽俊同岁，两人作伴，家里也就放心了。家里虽然困难，母亲却执意要柴泽俊继续读书。一天，两个孩子在路上贪玩没有上学校，母亲知道后让柴泽俊站在院内，并拿出他父亲的遗物和那块"六榜第一"的木匾，沉着脸一句

四 柴泽俊小哥俩在参峪村上学时的窑洞

话没说。柴泽俊偷偷拿眼看着母亲，一脸的苍白憔悴，唯有一双明亮有神的眼睛透出一种坚毅的光辉。此后，柴泽俊更加努力地读书，还常常在放学的路上拾一些柴禾。每天都能背回来一小捆柴，可以换一小碗玉米面。记得有一次，柴泽俊回到家看见母亲给他俩做了两小碗汤面，这可是一年中都吃不到的。太香了，他很快就吃完了自己的这一小碗，又情不自禁地拿起勺子喝了一口哥哥那碗的汤。母亲见到说"你就吃一口面吧"，他强忍着口水说"不，留给哥哥吃吧"。这是他记得最清晰的一次"奢侈"的享受。很小失去父亲的他，显得比其他孩子更懂事。能给母亲节俭一些，他就决不多要，能自己办的事就决不拖累母亲。

自古才俊多磨难，从来纨绔少伟男。公元1945年8月，日本宣布投降，前来参峪村避难的人们开始渐渐回到故土。柴泽俊全家没有马上返回，原因是奶奶身体一直不好。直到公元1946年春天，奶奶最终还是没有走出这座山沟，或许是为了陪着爷爷。奶奶走了，全家才回到阔别八年多的故乡。这一年，柴泽俊十二岁，小学四年级文化程度。

（三）差一点随军南下

公元1946年3月，一家人随同家族一起回到了东宜村，终于结束了八年多的避难生活。家里的农活就靠他兄弟二人。尽管这样，母亲还是希望柴泽俊念完小学，于是就在本村读了一个学期。后来听说离这里五六华里的界峪村学校办得好一些，母亲就决定让他去上这所学校。界峪村学校是清同治二年（公元1863年）成立的。当时是一所义务学校，目的就是要让上不起学的贫困子女有读书的机会。到了民国，改成第七高等小学，增设五、六两个年级。柴泽俊在这里读完了五年级。

从公元1946年11月份到1947年12月中旬，解放战争的烽火已燃遍整个晋西和晋南地区。建校八十四年的界峪村学校撤消，还有愿意读书的学生被转移到刘村高等小学（图五）。柴泽俊留了下来，

五 刘村高等小学原址

想要继续完成小学最后的学业。此时的刘村及附近的一些村庄已陆续进驻了解放军部队，原来的村委会已被新型的人民政府所代替，刘村小学也被接收。就在柴泽俊读六年级第二学期时，解放军发动了临汾战役。两军相持近三个月，终于在公元1948年5月17日解放了临汾。柴泽俊就在这炮声的轰鸣中于6月底完成了小学学业。由于成绩突出，他被刘村小学推荐上了北刘村初级中学。这一年，他十四岁。

北刘村初级中学是临汾解放后新建起的一所学校（图六）。它的开学时间正像农村中许多学校一样是按农闲和农忙时节安排的。夏季收割完小麦后七、八两个月开学，九月份放假让学生回家帮大人们在田里秋收和播种来年的麦子，约一个月后再开学。这是最适合农家子弟读书的学校。柴泽俊在这个学校上了两个月，等到秋后再开学时又读了二十九天。在这二十九天中，他遇到了一个叫牛沼勋

六　北刘村初级中学原址

的学校党支部书记，要带一批新入团的青年随部队南下去做地方工作。报名的有十七、八个人。有的是家里同意的，也有没告诉家里偷偷出走的。柴泽俊也报了名，但没有敢同母亲商量。当时一同报名的还有同村的邓文年，俩人同岁。他是家里同意去的。

公元1948年10月末的一天，他们一行不到二十人携带了简单的随身物品，便在牛沼勋的带领下绕经段村到襄陵县稍事休息，吃了点东西，并继续向古城镇赶去。柴泽俊是第一次走这么远的路，心里既兴奋又担忧。兴奋的是自己大了，可以到外面闯荡了，要去见见世面，等到南方立住脚再回来接母亲。担忧的是自己是偷着出来的，如果母亲知道肯定着急，该怎么办？想到这里真后悔不如先向母亲说清楚再走，可万一家里不同意自己岂不错过这次机会了。就这么想着到了天黑，在古城镇住了一晚。第二天继续赶路，下一站是新绛县。这一天，柴泽俊感到头痛得厉害，胸口憋得喘不过气来，两腿发软，一天也没吃东西。好不容易走到新绛县，便在南关的一个小客栈住下。柴泽俊昏昏睡去……朦胧中似乎听到哥哥的声音在耳边说些什么。他努力使自己睁开眼睛，但怎么也睁不开，脸颊滚烫，喉咙里似乎有什么东西就是吐不出来。直到第二天上午，他才醒来。只见哥哥坐在身边，生气而又疼爱地责备他，说母亲听到邻居邓文年的家人告诉才知道这件事。昨晚，哥哥赶着夜路来到这里，见到他这个样子，便对牛沼勋讲家里母亲不同意走，是来接他的。牛沼勋看到柴泽俊烧成这样子也不能再走，见时间又紧，便留下他，带着其他人员走了。

如果不病，如果不是哥哥赶到，他也许会硬着心肠到南方的某个城市或乡村做一些别的工作，或许在地方政府官员中有一席之地，但是对于地上文物大省的山西则将失去一个在中国古代建筑领域独领风骚的人物。哥哥带着他重新回到了东宜村。

（四）两次进太原

公元1948年底，已经解放的临汾开始了轰轰烈烈的土改运动。柴泽俊一家主要靠父亲延盛分到的三四亩地和半幢北房生活。尽管他们一家有几亩地，但仅靠自己的家人来耕耘而没有雇工，因此被划为富裕中农，属于被团结的对象。柴泽俊南下没有走成，也不再读书了，便跟着哥哥回到村里，一起种地、运肥，利用闲时砍柴为生。母亲也不再要他读书，生怕再跑。此时的柴泽俊并没有放弃离开故乡而出去闯一闯的信念，他在积蓄适应外面世界的能量。

临汾一带是我国戏剧发展的摇篮，也是闻名遐迩的锣鼓之乡。他们哥俩从小耳濡目染，不仅对演戏着迷，对锣鼓更是情有独钟。哥俩只要一有这种活动，就会不分早晚，不管刮风下雨，甚至是饿着肚子也要参加。哥俩最拿手的鼓点是《过桥》和《打铁》，那铿锵激越的鼓声把对家乡这块土地的情感抒发得如痴如醉。每逢这时，也是他们最为开心和最为快乐的时光。年龄小，记忆力又好，蒲剧的姊妹剧种眉户剧在哥俩脑中已经滚瓜烂熟，许多台词吐口便出，而且神情并茂。他们喜欢演的剧目有《血泪仇》、《小二黑结婚》和《小女婿子》等。当时活跃在东宜附近的是五一剧团，这对小哥俩常跟着走村串乡。这些有益活动陶冶了情操，对他们的成长起了潜移默化的作用。

这一时期负责东宜村一带土改工作的组长就是上世纪50年代初担任山西省团委书记，后来又担任太原市委书记的全云同志。在下乡工作期间，他深深喜爱上柴泽俊这个青年，常常有意安排一些工作要他完成，而每次又都令全云满意。公元1952年，全云同志调回太原，临行时叮嘱柴泽俊，要他带同村同龄的青年郭武翔一道去太原。遗憾的是，当两人匆匆赶到太原时全云正巧不在。两人面对这座向往已久但又陌生的城市，无可奈何，只得惆怅离去。第一次的太原之行又重新唤醒了他那颗外出的心。回到东宜村的日子里，他一直在思索，仅靠自己小学文化程度能在城市站住脚吗？立不住脚就只能在这里向祖辈的人那样周而复始地过着农家的生活。于是从公元1952年下半年直到公元1953年底，他就在临汾市不断地参加各种专门的培训。先是学了财务会计，后又参加了党校的培训。那时是以苏联为楷模的，教材中不仅有中共党史，还有苏联布尔什维克的党史与政治、哲学、文学方面的内容。为了有更多的适应能力，他还专门参加一些自己喜欢的专业技能培训，如木工、建筑等，一直到公元1954年春节才返回村里。

此时的母亲和哥哥一家生活，哥哥文俊已有一男一女。母亲早已看出二儿子要在外面的世界里干一番事业的决心。这一点倒很像他父亲延盛的性格。她不再阻拦，反而积极地想办法支持儿子走出乡村。她想到丈夫在世时曾认识当时已在省博物馆工作的徐德俊，便通过这位熟人认识了时任太原博物馆馆长的高寿田先生。在母亲的支持下，柴泽俊带着简单的行李，第二次踏进了太原这座古城，留在博物馆做了临时工，时间是在公元1954年2月份。

时值9月的一天，高馆长对柴泽俊说："你去晋祠文物管理所吧，房地产公司的工程队要在晋祠修缮'献殿'，工地需要人。"

晋祠文物管理所隶属于省文物管理委员会，专门负责晋祠内的日常管理工作。报到后的前十天，分配柴泽俊干的活是拉砂、拌灰等重体力活。这些苦对于从农村走出的人来说是不算什么的。正巧，工地遇到一些难题，要采购和运送一些片石、料石，并要计算体积和重量。工地一时没有合适人选，柴泽俊便自告奋勇地承担了计算这些石方的工作。他计算数据又快又准确，工作勤奋，因此很受工地师傅们的喜欢。特别是工长王田园很是高兴，就叫柴泽俊以后负责这类计算、报表等事务，并帮助工匠对大殿的一些木制附件进行搭套，对拆下的斗栱和柱子构件等进行编号、测量，并计算尺寸。尽管他都是第一次接触，但很快就掌握了这些要领。仅这一点就显示出他的才智。同年11月底，晋祠工地暂时停工，已经升为省博物馆副馆长的高寿田承担设计制作太原市规划模型的任务。其具体工作由几位大工匠负责，柴泽俊只是做了一点辅助性工作。他很留意这些大工匠做每一个细小模型的程序、造型和彩画，对这些工艺领会很快，反映敏捷。工匠师傅不管有事没事都很喜欢和他在一起，他也很快就融进了这支队伍。

公元1955年3月，省林业局一支绿化队在省委副书记郑林的指示下，要在晋祠背后的悬瓮山植树。这支队伍就与制作模型的工匠同住在一个院内。绿化队的任务先是在山上测定每棵树的位置、角度和经纬度等，以保证每棵树都要在坡度很大的坡面上垂直。这一方面是绿化，更主要是陪衬晋祠的周边环境。这项测绘主要是清晨工作，天一亮就要爬上悬瓮山，还要携带许多如经纬仪、平板仪等测绘工具，劳动强度很大。柴泽俊便主动帮他们拉这些仪器上山。开始时是看他们测量，几天后便在这些技术人员的指导下开始操作。正像人们常说的"处处留心皆学问"，很快他已学会了利用各种仪器测量高程、斜角、垂直等各种测绘技术。他自己也没有想到这一年来所学到的技能在日后的古建筑专业中起到很大的作用。这项测量一直干到6月。此间曾一度停工的晋祠献殿工地又开工了，柴泽俊仍然在这个施工队从事计算、报表工作，每天都要利用时间差来兼职做测量。

他成为这里最忙的人。直到有一天，他向师傅们宣布了一条消息，才令大家既惊异又高兴。他要结婚了，时间定在7月15日。大家惊异的是平时只见他全身心地做工作，从没有见他谈到"个人问题"。新房就定在位于唐叔虞祠西边的待凤轩背后的耳房。它的右侧是三台阁，背后便是郁郁葱葱的悬瓮山。直至成婚的前一天，人们才看到新娘的身影。她中等偏高的个头，身材舒展，穿粗布花衣，两只小辫衬着端庄的脸庞，一双亮而有神的大眼透出聪明与朴实。婚期是这年元月母亲专程赶到太原来与儿子商量好的。她专门带来了几年间着手准备的衣物、被褥及简单的生活用品。小住了几日，母亲便回去了（图七）。结婚那天，大家都来庆贺。一位师傅故意逗这一对新人，要新郎谈谈恋爱经过。柴泽俊大大方方地告诉大家："新娘就是东宜邻村青城村的，叫李应珍，比自己小一岁，是公元1935年6月25日出生。现正在北刘中学读书，是乘假期来完婚的。"接着又讲："早在公元1951年春两家就订了婚。那时我才十七岁。我们见面并不多，一年只见过一、两面，但都共同遵守着这个承诺。"一个幸福的家庭诞生了。

七 公元 1955 年元月，柴泽俊和母亲在晋祠合影。

八　公元 1955 年 7 月，晋祠献殿竣工，柴泽俊(左一)与工人师傅们
　　合影留念。

　　公元 1955 年 7 月，献殿修缮工程竣工（图八）。工地上的工人
师傅们都撤了，这座院落又恢复了以往的宁静。此时的柴泽俊又该
怎么办呢？好在经过近两年的工作，晋祠文物管理所的工作人员都
愿意让他留下来。所里的负责人刘永德先生便向省文物管理委员会
打报告，要求留下这个年青人。不久以后报告下达，同意正式录用
柴泽俊，试用期为一年，时间从 10 月 1 日算起。这一天是年轻的共
和国六岁的生日，也是柴泽俊从少年时代起就立志要成就一番事业
的起点。

二　崭露头角

（公元 1956～1966 年）

（一）悬瓮山下

距太原西南25公里处耸立着苍劲雄浑、山势逶迤、重峦叠嶂的悬瓮山。山上植被繁茂，松柏青翠。山下有一座古祠，殿阁巍峨，古木参天。祠前晋水源流，山环水绕。这便是闻名遐迩的晋祠，有"桐叶封弟"的传说，有"圣母水神"的神话。此地给柴泽俊带来了福音，也算是对他辛勤付出的回报。

晋祠文管所只有五个编制，其中四人的年龄均在五十岁以上，柴泽俊就是最年轻的了。他主动承担了诸如打扫卫生、烧茶炉等事务性工作，后又因游览晋祠的人多起来，文管所就办了一个茶庄，由他兼卖点烟和坚果类的小食品。他常常利用工作之余在祠内随处走走，满目所见的皆是历史遗址、传说和掌故。一泉一阁几乎都有一段动听的故事，一草一木也都洋溢着诗情画意。

文管所的老会计张友椿先生，年近六十，博学多才，是土生土长的晋祠人。他祖上做过晚清的小官，一生从事文物研究，对晋祠的历史、地理和古迹最为了解。柴泽俊常常听他讲诉一些典故和遗迹，闲暇时就按照张友椿老先生的指点，对照实物进行考证。张老先生藏书甚多，其中有清末举人、赤桥村刘大鹏的《晋祠志》、清乾隆年间刘大櫆的《游晋祠记》、唐太宗李世民的《晋祠铭》碑拓、宋太宗赵光义《太平兴国碑》抄本中所录的一段以及清代学者朱彝尊《游晋祠记》碑拓（现嵌刻在唐叔虞祠外院的东廊壁）。尤其是朱彝尊的这篇游记将晋祠的历史地理和文物胜迹说得言简意赅，还有就是刘大鹏的《晋祠志》，柴泽俊读得最细最多，受益也最深。

晋祠庙内有一位僧人，对柴泽俊在佛学上的启蒙很大。他法名叫象离，也是六十余岁，平时在祠内做一些杂事。日本投降后，藏于晋祠北面开化沟风洞里的一整套《华严经》刻碑被运回晋祠，但无人能将这些碑文按顺序陈列。象离僧人凭着对佛经的记忆，完整地将这一珍贵的刻石陈列在晋祠内。两人有缘，象离十分喜欢柴泽俊这位年青人。每到夜晚，两人常常在一起喝茶。象离向他讲了佛教中大乘佛教与小乘佛教的形成、流传和发展，讲了佛教教义和宗派，还讲了佛教与寺庙、彩塑、琉璃和壁画的关系等。柴泽俊由此领悟到一个优秀的古建工作者不仅应具备古代建筑的知识，还应具备社会发展史、建筑史、宗教史、雕塑史、绘画史等知识。

　　游晋祠的人遂渐增多。那时没有"导游"这一职业，平时都是所长刘永德先生亲自接待和解说。有时人手紧，就让柴泽俊也试着解说，一段时间下来游客反映很好。一次，他接待了一位北京来的游客，是从事商业方面的领导。此人看到这个年轻人有些才气，便问是否想去北京从事商业工作。他有些犹豫，便向象离僧人求教。象离目视柴泽俊后说："你如一张白纸，只有像在晋祠这样源远幽深的地方才是你最好的发展，可画出你人生最美的图画。"一段时间后，柴泽俊心里萌发了一个大胆的想法。这就是把解说词以景点的顺序串起来，再作一些文字上的加工，配一些图片，编一本关于晋祠旅游的小册子。这时他才正式参加工作仅一年的时间，又仅有小学程度，能行吗？他找到张友椿和象离两位老人说明想法，两位老人都非常赞成，于是便开始积累资料。从这时起，他开始学用相机拍摄实物和景点，然后再自己冲洗。他用相机把晋祠全部景点都拍成照片，甚至包括周柏、唐槐、华严石刻和诗词碑文。当柴泽俊最初在张友椿家看到抄本节录的《太平兴国碑》一段时忽然受到启发：用卡片这种记录的形式把重要的资料保存下来，可以随处收集，随处保留，帮助记忆，便于检索。此后，他不论走到哪里都随身装着卡片。这种习惯一直保持到晚年。可以这样说，相机和卡片伴随着他从青年走到暮年，成为他一生不可或缺的工具。公元1958年初，他的处女作《晋祠》这本薄薄的小册子由刚成立一年的文物出版社出版。以此为起点和标志，他的一生竟与文物出版社结下了深厚的文字情缘（图九）。

　　早在公元1954年，田汉和周扬就曾到过晋祠，在参观中对圣母殿内侍女塑像容易受潮表示担心。公元1955年底，郭沫若第一次来

九　公元 1958 年出版的《晋祠》一书的封面

晋祠时也有这种担心，并建议用石座隔潮。公元1956年夏，国家文物部门派古建专家亲临指导修缮，确定底座增添石料，高度在原木制底座15厘米的基础上增高到45厘米。省文物管理委员会指派柴泽俊负责组织施工，并由他选定当地的石料工匠。其施工方案是在殿内侍女塑像下面增筑石料基座，高45厘米。施工前需要把塑像迁出殿外，竣工后再搬回原位陈列，并将屋顶漏雨部分修好。这项工作看似简单，但实际施工风险很大。因为原有塑像木制底座局部已腐朽。四十二尊塑像的高度都在1.6~1.8米左右，其中木制底座仅为15厘米，移动极易损坏。特别是这些塑像又都是泥土捏制而成的，是极为珍贵的文物。作为一名年轻的文物工作者，柴泽俊深感责任重大。他倾注了全部精力，把保护这些杰作视为己任。几经思索后，他想到用抬轿子的方式移动。他先选一尊侍女像试移，将等高的木板与其木底座捆紧，并在其空隙处用草袋或柔软物填充，再用龙骨相互加固，使其成为一个整体，然后略为倾斜，从底座插入木板抬出。试移成功，塑像全部移出，工程进度随之加快。待石料基座砌好后，再用同样方法移入安放。两个月后，施工顺利结束，塑像安然无恙。

这是他刚参加工作后亲自主持的第一次施工。多年后，他感慨地说："这一风险工程恰好就落在自己肩上，只许干好，不许意外。风险给了自己压力和责任，但同时也给了自己学习的机会和知识。"

从公元1954年下半年到1957年初，不到三年时间，他从一名临时工成为一名正式的文物工作者，从一个从没有接触过文物工作的小青年到能够独立承担导游、简单施工等的专业文物干部。这时，他才二十三岁。他所走的是一条充满荆棘的艰难道路，他付出的是常人难以想象的辛勤和汗水。其间他苦读《营造法式》和《清式营造则例》，虚心向来晋祠考察和工作的古建专家祁英涛、杜仙洲和刘敦桢求教，留下了一个攀登古建高峰的跋涉者的坚实足迹。

（二）初上五台

公元1957年2月，柴泽俊调离晋祠，前往五台佛光寺文管所工作。

一〇　山西五台佛光寺唐建东大殿

　　五台山地处山西东北隅五台县境内，环绕一周有250公里，海拔3000余米，气候凉爽。盛夏季节，山下酷暑难耐，山上却清凉爽朗，积雪终年不化，故又称清凉山。此山由五座高大的山峰环抱而成，山顶平坦如台，故名五台。五峰之内称台内，五峰之外称台外。台内以台怀镇为中心，寺庙林立，其中显通寺、塔院寺、殊像寺、罗睺寺和菩萨顶被称为五大禅处。台外的寺庙分散，其中以南禅寺、佛光寺最为有名。佛光寺始建于北魏孝文帝时期（公元471～499年），位于五台县北部的豆村镇东北6公里的佛光山中，故名。"寺宇因地势建造，高低叠置，坐东向西，东南北三面环山，西面低下而豁朗。寺区松柏苍翠，殿宇巍峨，山静鸟啼，环境幽雅。唐建东大殿位居后面的山腰，气势壮观，居高临下，俯瞰全寺。东大殿的唐代泥塑、壁画、墨书题记和金建文殊殿、唐镌石幢以及寺内外几座北魏、唐、金的墓塔等，都是具有高度历史、艺术价值的珍贵文物。柴泽俊能够实地面对唐、金两代木构，实在是机会难得。他结合实物，拜读了梁思成先生《记五台山佛光寺的建筑》一文，受益匪浅（图一〇）。

　　4月初，柴泽俊又与郎凤岐同志一道，奔赴五台山显通寺，共同主持无量殿翻修工程。显通寺位于台怀镇大白塔以北的菩萨顶脚下，相传始建于汉明帝永平年间（公元55～75年），为五台山佛刹的开山之祖。其中寺内的无量殿是我国现存的两座明代大型砖构佛殿之一（另一座在南京灵谷寺）。此项施工要求全部拆卸翻修，是当时文物保护工程中的大型项目。五台的春天，凉意中透出秀色，高峻中又见幽深。奇秀的五台风光一直是柴泽俊向往的地方，可是面对工作的压力和责任，他却实在无心观赏。组织好施工人员后，第一个问题就是先试着烧出一窑青砖灰瓦来，看能否达到色正音纯、无砂眼、无蜂窝的标准，还要解决砂、土、炭的来源问题。其次就是备水泥、钢材。那时，五台附近没有，只有回太原备料，再运到工地。上世纪50年代的五台全部都是土路。从太原出发坐长途车可到五台县蒋村，徒步再走40华里到东冶。从东冶到佛光寺约80华里，也只能徒步行。到佛光寺后，继续徒步80华里，才能到达显通寺。这一段路又要过沟涉水，又要翻山绕梁。就是这样的路况，他在4月

一一　修复后的五台山显通寺无量殿

到 10 月之间前后往返六次，几乎每月一次。由于无法按时吃饭，加之体力消耗过大和季节冷暖的变化，他患上了胃溃疡。治胃病的药片就像他的卡片和相机一样，需要随身携带。接着面临的问题是如何准确掌握砖瓦结构殿堂的构造与施工方法，以达到修缮质量要求。这对于刚刚掌握了不太多的木构建筑技术的柴泽俊来说，又是新的课题。他没有被困难吓倒，积极认真查阅有关资料，与有施工经验的师傅们共同商讨翻修方案，最终使工程按时顺利竣工（图一一）。

11 月以后，五台山气候寒冷，一些室外的施工便不能进行。柴泽俊便借这个机会勘察五台山内外的佛寺和晋北、雁北部分古建筑，步行踏遍了五台山及其附近所有寺庙。通过这些了解青庙与黄庙的异同，官式建筑与民间建筑的差别，掌握了各个寺庙不同的地形地貌和不同时代的布局等建筑规制，为后来考察全省寺庙建筑提供了借鉴。幽静的五台佛地不是世外桃园。从公元 1957 年 7 月开始，在全国范围内掀起了一场大规模地反击右派分子的斗争。公元 1958 年 4 月，他接到调回省文管会参加反右运动的通知。这是他参加工作以来经历的第一次"政治运动"。对于一个涉世不深的青年人来说，并没有太多的想法，只是按照单位的要求向大多数人们一样，上午学习政治文件，下午参加批判会，晚上攻读一些专业书籍。他只想把自己的时间和精力放在专业上。

（三）永乐宫迁建

永乐宫，原名大纯阳万寿宫，新址位于芮城县北 3 公里的龙泉村附近，是我国著名的元代道教宫观。宫门前宽阔的柏油马路直抵南同蒲铁路的风陵渡车站。远眺宫宇，规模宏伟，红墙绿瓦，松柏掩映，一派古刹风韵。近览宫内，大殿高耸，布列中央。中轴线上的龙虎殿、三清殿、纯阳殿和重阳殿四座殿宇，全是元代建筑风格（图一二）。三清殿最大，雄踞宫内正中，与纯阳殿、重阳殿之间用高耸的甬道相连，两侧不设廊庑和配殿。各殿四壁绘满壁画，总面积达 1000 平方米。其题材广泛，内容丰富，技艺高超，画面上留有

一二　迁移到山西芮城龙泉村附近的永乐宫全景

年代和画师姓名。这些作品历经六百多个寒暑，特别是经过大规模搬迁，至今依然人物清晰，色彩如故，堪称永乐宫最为珍贵的部分。

1、搬迁的背景

永乐宫原址在山西南端黄河北岸的芮城县城西 20 公里的永乐镇。公元 1958 年，治理黄河工程即将开始。由于宫址恰好位于黄河淹没区内，文化部请示国务院批准迁移保存。正式迁移从公元 1959 年开始，并决定在公元 1960 年 6 月 30 日三门峡水库拦洪放水前迁出，用以保证不被水淹。

公元 1957 年中期，还在五台佛光寺工作的柴泽俊就接到通知，让他同时承担永乐宫新址的考察，并为筹建永乐宫临时迁建委员会做些准备。这样的安排使他不得不在半年时间内三次由北向南，长途奔波，进行初步的勘察与测绘。公元 1958 年 8 月，柴泽俊被正式调到永乐宫。10 月，文化部文物局和山西省文化局决定成立永乐宫迁建临时委员会，由省文化局、省文管会、永济县、永乐乡、中央美术学院和北京古建所六个单位的七个委员组成，任命永济县副县长张仲伯担任主任委员，下设总务、工程两组，分别担任行政事务、材料购置及工程设计施工的准备工作。具体工作人员有文管会三人、永乐宫古迹保养所三人、运城县调来干部六人及北京古建所十六人，并由五台、晋城、洪洞、运城、芮城调来三十三人。具体分工是总务由付子安、罗辛高负责，事务由王汉文负责，会计由张兆谋负责，材料购置由耿天义、闫见信负责，施工由柴泽俊、李春江负责，测绘设计和技术指导由北京古建所祁英涛和陈继宗负责。

临时迁建委员会做了如下工作：（1）临摹壁画。这一工作已前期开展，在 11 月底结束。（2）测绘建筑物。建筑物的拆除、重修和迁移必须详细测量整个庙宇的整体布局、建筑物的形象和各个细节部分，照样绘出图纸。北京古建所派来的祁英涛、陈继宗两位工程师和六个技术人员在 12 月底完成了测绘任务，为永乐宫建筑物的复原提供了可靠的依据。（3）试验揭取壁画。壁画是绘制在墙上的，结构脆弱，又历经六百多个寒暑，粘力大减，极易损坏。祁英涛等科技人员和工人师傅经过反复试验，制定了壁画迁移保护的科学方案。

（4）由柴泽俊负责对新址的考察和测定，并在年底撰写了新址考察报告，为准确选址提供了精确而可靠的依据。

2、新址的考定

永乐宫搬迁初期面临两大问题，怎么搬？往哪搬？怎么搬的问题在临时迁建委员会的工作中已做了准备，往哪搬也就是考察新址的任务就落在年轻的柴泽俊肩上。

按照前期对原址的考察，他们制定出对新址的选择必须要同时满足以下几个条件，才能确保迁建后的永乐宫长久留存。一是新址与旧址之间不能太远，且路面平坦；二是地基要坚固，周围不能有山沟泄洪；三是自然景观要秀美、幽静和古朴，寺院坐落的方向不能改变；四是地下水位不能偏高。围绕这些条件，柴泽俊带领永乐宫的人员在当地人的引导下，选择了七处接近选址条件的地方，并在此基础上深入考察。他和同志们徒步踏遍了永济、芮城方圆百里的地方。这期间，他的胃溃疡又加重了，剧烈地疼痛常伴随他。他只得用木棍或测量工具顶着疼痛的部位，按时向刚刚筹建的临时迁建委员会递交了一份有价值的《关于新址问题》的调查报告。他在报告中指出："永乐宫迁建的新地址，是应该首先确定的一个重要问题。1957年，省文化局寒副局长等曾到永济一带进行过勘察。近几个月来，我们在永乐宫工作的同志随同修整所祁英涛、陈继宗两位工程师又在原永济和芮城一带进行了几次的选择和勘察。"几经讨论，初步将新址定在芮城北面的龙泉村（也称五龙庙）附近。

3、成立迁建委员会

酝酿已久的永乐宫迁建委员会成立在即，大量的会前准备工作是由柴泽俊来完成的。首先是前三年的工程总方案，包括迁建内容、工程范围、工程进度计划、工程预算明细表以及1959年第一年度的工程进度计划、经费预算计划、物资供应计划、运输车力调配计划和人力调配计划等。

公元1959年3月21日至23日，由文化部文物局、山西省文化局、山西省文管会、晋南专署、运城县委、芮城县委、永乐镇人民公社、三门峡工程局、北京古建所九个单位组成的山西省永乐宫迁建委员会，在太原召开了第一次全体会议。特邀山西省副省长王中青到会指导。北京古建所办公室黎辉主任、山西省文化局社会文化处副处长王孚、山西省计委委员韩君正、山西省劳动厅劳动调配处处长李明、山西省文管会罗家年副主任以及参加永乐宫工作的郎凤岐、柴泽俊等有关人员都参加了这次会议。会议首先通过了委员会组织机构和人员名单：主任委员景炎（山西省文化局副局长），副主任委员李辉（晋南专署副专员）、刘静山（山西省文管会主任），委员（按姓氏笔画排列）王书庄（文化部文物局副局长）、祁英涛（北京古建所工程师）、汪福先（三门峡工程局计划处副处长）、张仲伯（运城县副县长）、韩俊哲（芮城县副县长）、杨子亭（芮城县永乐镇卫星人民公社副主任）。下设办公室，办公室主任王孚，副主任由专署和芮城县各派一名副县长担任，办公室干事、文书收发二人，工程股股长郎凤岐，设计组组长祁英涛，施工组组长柴泽俊，材料供应组组长耿天义，财务组组长、业务组组长各一人。

一三　《关于新址问题》与《永乐宫迁建工程方案》

会议着重讨论和决定把永乐宫的新址建在龙泉村（五龙庙）附近；永乐宫内的建筑、壁画、碑碣以及宫内外与永乐宫历史、艺术价值有关的附属文物，全部迁到新址复原保存。通过了工程方案、经费预算、劳力运输的调配和材料物资供应等草案。确定了全部工程造价约九十一万元左右，最后不突破百万元等内容（图一三）。

4、迁建的四个阶段

按照迁建工程的顺序和进度计划，整个迁建工程划为四个阶段。这四个阶段在时间上是相互交错的。

（1）揭取、包装、迁运壁画，拆除宫殿建筑。时间从公元1959年3月下旬至1960年6月底前结束。这一阶段中壁画的迁移和复原是至关重要的。它的成功与否直接决定整个永乐宫迁建的成败。壁画迁移在我国文物保护史上无先例可循，责任重大，技术难题甚多。尽管祁英涛先生和其他技术人员对此曾作了周密设计，施工前期也曾予以现场技术指导，但工程施工的重大责任还是落在柴泽俊身上。他白天在工地负责施工管理，夜晚在油灯下整理全天的工作日志，查看有关的资料，解决施工中的难点。

那么壁画是怎样被揭取、包装和运到新址的呢？永乐宫各殿内的墙壁几乎都是作画的地方，每面墙壁的面积都是数十平方米，连接成一体，而且揭取后又要迁运25公里才能到达新址。考虑到这些因素，第一步，在尽量不损伤画面精细部分的地方割开3～5毫米的裂缝，分成大小不等的画块。大者约6平方米，一般约2～4平方米。预制与画块相等的木板（简称壁板），壁板下端安装90度角铁。壁板靠近画面的一侧，根据墙面的凸凹不平，用旧棉花和拷贝纸加以铺垫，依附于画面上，即行揭取。第二步，包装。揭取下来的壁画，按照其规格，除了预制承托壁画的壁板，四周用木板装钉，背面木框压牢，形成一个木箱，上下用螺丝钉系紧，空隙部分用棉花或锯末包填充压实，按序依次存放。第三步，搬运。原先考虑用马车运输或人力车搬，但颠簸很大，故改为汽车运输。汽车慢开，轮胎减气，同时将揭下的壁画依次装车，车厢空隙处塞牢，以确保其不受损伤。柴泽俊在整个揭取、搬运过程中实地指挥，跟随车辆往返运

一四　公元 1959 年 8 月，工人们揭取永乐宫三清殿壁画。

一五　柴泽俊正在对拆下的壁画分块摄影入档

行，就连存放壁画库房的干湿度和存放顺序都要一一检点，并拍摄入档，以备查存。搬迁完毕，无任何损伤现象（图一四、一五）。

拆除永乐宫的建筑，亦如壁画迁移一样，同样做到了科学拆迁。柴泽俊在《永乐宫的变迁》一文中写道："一组古代建筑有它高低错落、主从有致的总体布局，迁移保护必须要保存它原有的特点。每座古代建筑都是数以万计的构件组成，各有其不同的形制和结构。迁移时除保护它的艺术造型和结构特征外，还必须保护它原有的各种构件。永乐宫的各个殿宇，除了砖、瓦、木、石等各种构件和琉璃艺术品，许多木构件上还保留着元代彩绘图案和题记。这些图案和题记都是描绘在构件的表层，稍有磨损，极易损伤。为此，国家文物局文物保护科技所和山西省文物管理委员会共同组织力量，实地勘察。在勘察的基础上，经过仔细测量，绘制成图，制定了迁移设计技术方案。布局、层次、形制、结构以及各个艺术部件等都严格保存了永乐宫的原貌。许多相同或类似的构件在拆除、迁移过程中极易混乱，故预先描绘草图。以大殿一角为起点，顺序绕周编号，总号与分号相结合，并一一填写在草图和登记册上。依次拆除、加固和安装，残坏或缺损构件一一注明，以资加固和修复。附有彩画、题记和有雕刻的艺术构件，用拷贝纸、旧棉花、锯末包、草绳等逐一包扎严实，或者装入木箱。做到安全迁移，完好无损，照旧回复了原状。"（图一六）

（2）复原永乐宫整体建筑。这一阶段的工程就是在新址严格按照原建筑的位置、高差、结构和造型恢复原状。这就要求各工种的工匠们都要严格按照原建筑构件的尺寸、形制、结构、榫卯安装，丝毫不差。工匠们的每道工序结束后，柴泽俊都要一一查验，查验合格后再进入下一工序。复原工程从公元1960年下半年开始，当时正值我国三年困难时期。按照中央规定，工人减少了三分之二，工程进度由此受到很大影响。为确保工程质量，一直延续到公元1964年秋天，永乐宫的建筑复原才基本完成。

（3）壁画的加固和复原。其办法大略如下：复原时先将每块画壁背面麦秸铲去，仅留下细泥和砂泥壁面，厚约1厘米，用胶水把泥层加固。然后抹酒精溶解漆片后拌和的泥砂一层，粘贴白布一层

一六　拆卸后包装运输三清殿大梁

一七　公元 1965 年，工人们正在修复加固壁画。

一八　公元 1965 年，工人们正在安装复原三清殿壁画。

作为连接。加固的壁画不易与原墙土坯粘接，为此先将原来的墙体改造为空心夹层，并在墙体增设木柱和横杆，作为安装壁画的骨架。壁画背面粘接方格式木框，用铁活将画块按原位置与龙骨相连。画缝和残洞部分填补平整，由美术工作者予以补色修复。墙壁外沿砌砖墙，抹土红色，恢复原貌（图一七、一八）。

这一阶段的施工是从公元1962年下半年开始的，待全部结束已经到了公元1965年底，前后用了近四年的时间。

（4）油饰与彩画。油饰就是下架油饰和檐头油饰。下架包括柱子、门窗、格扇。檐头包括外檐椽飞、连檐、瓦口、博风、悬鱼等。彩画就是在阑额以上的斗栱、梁架和檩条上实施。永乐宫油饰、彩画时下架的檐头全部油饰，上架阑额以上的斗栱、新更构件全部临摹原有彩画复原。原有木构件上的彩画在迁移过程中略有损伤者修补复原。油饰与彩画全部作旧，与旧构件协调一致。这一段时期内调集了山西二十多位彩画技师，前后用了一年多时间。

5、迁建的历史价值

永乐宫迁建工程于公元1966年8月全部竣工，历时八年。就连凡能迁移的花草树木、碑帖砖匾也都迁移复原。近半个世纪以来，人们以审视的目光重新看待这场大规模迁建，它的历史价值依然是那样的厚重（图一九～二一）。

首先，永乐宫珍贵的建筑和壁画得以完整保存。一是元代木构建筑上袭唐宋传统，下启明清先河。准确地掌握元代建筑的形制、结构和时代特征，对认识和鉴别历代建筑的变化与成就极为重要。二是元代壁画为我国历代壁画中的精品，题材丰富，有确切年代可考，画法高超，是我国美术史上光辉的一页。

其次，掀开了中国古代建筑与壁画实施迁建保护的崭新篇章，引起了世人的强烈关注。在祁英涛先生等人精心设计和技术指导的基础上，柴泽俊亲自负责施工，亲历了整个迁建过程。他留下了十六个记录有关情况的笔记本和上万张卡片。后来，他在《柴泽俊古建筑文集》中所发表的《永乐宫的变迁》一文，对壁画的揭取、包装、搬运、复原和加固，对永乐宫建筑的拆除、复原和彩绘，都进

一九　公元1966年，山西芮城永乐宫迁建落成时的全貌

二○　迁移后的永乐宫龙虎殿

二一　迁移后的永乐宫三清殿

行了全方位精确而系统地记载，给后人留下了极为珍贵的资料。

　　最后，它是在我国尚无先例可循的情况下，依靠自己的力量，独立自主完成的。施工前期，曾请外国专家现场勘察。外国专家考察后提出要在墙体上注射化学药品，用以软化墙壁。同时他们还提出要硬化路面，先设生活、工作的楼房，配备十五名中国工程师充当助手，然后引进所需设备。如果这样，仅此壁画揭取一项就将耗费两百万元。当时恰逢遭受自然灾害时期，这对国家财政是一笔不小的开支，其方法还未必适合永乐宫的墙体状况，因此决定依靠自己的力量来完成。经过艰苦而科学的探索，整个壁画完整无损地揭取下来，又完整无损地安装复原。整个过程仅花费人民币三十多万元，为国家节省了大量资金。

　　永乐宫历时八年的迁建，无疑是柴泽俊从事中国古代建筑保护事业的新起点。

三 "文革" 磨砺

（公元 1967～1977 年）

（一）三条"罪状"

公元1966年8月，永乐宫工程刚刚竣工，柴泽俊就连续收到三份促其火速回单位报到的紧急电报。当柴泽俊风尘仆仆地踏进文管会大院，顿时傻了。大院早成了纸糊的大院——大字报铺天盖地，比地上的树叶还多。五颜六色的纸张、大小不等的标语口号挂满整个能够利用的空间，根本分不清院内建筑物的形状。高音喇叭播放着"革命大批判"的文章。这是一场席卷全国而历时十年的"文化大革命"。

运动开始，首先受到批判的是文化局、文管会一些主要领导同志，给他们戴的帽子是"走资本主义道路的当权派"。柴泽俊多年不在机关，对一些人和事不很清楚。造反派安排他参加开会、批判、学习革命文件等活动，可是他却越来越糊涂了。挨批斗的都是他尊敬的上级领导和前辈，都是勤勤恳恳为党和文物事业工作的专家学者。在一次职工大会上，柴泽俊讲了这样一段话："今天的干部和职工与建国前的干部不完全一样。除待遇外，战争时期的干部要有勇气，有决心，有夺取战争胜利的战略和战术，从而赢得了人民的解放和国家的独立。今天是社会主义建设时期，我们的干部和职工不仅要有热情、勇气和决心，还必须有建设社会主义的本领和技能，在文物工作上必须有专业知识、技术能力和科学方法。"谁知这一席话立刻就成为造反派攻击的对象，说这是鼓吹"业务挂帅，技术第一"的谬论。随后，他们便在职工大会上宣布了柴泽俊的三大罪状："走资本主义道路的当权派"、"反动技术权威"和"为封建鬼神吕洞宾恢复祖庭"。这些人把三项罪名写在一块大木牌上，批斗时就挂在柴泽俊的脖子上，有时还要一同拉上文化局、文管会一些领导同志陪批、陪斗，以壮声势。多少年后，柴泽俊每当回忆起这段被批斗的情景时，老领导们回答造反派问题时的表情、语气仍历历在目，清晰如初："批斗会一开始，我站在前右侧，老领导们站在左后侧。左前方几个发言人念完批判稿之后，有人提问：'你们这几个当权派都说一说，柴泽俊是不是走资本主义道路的当权派？'指名要邓焰局长首先回答。邓局长说：'当权派掌握着一级政府或一个机关的党、政、财、文大权。永乐宫的迁移都是由国家决定，预算也是国家审核后才拨款的，迁建委员会负工程总责，柴泽俊他是个迁移过程中的工程管理者。我认为他是个具体执行者，不是决策者，也不是迁建委员会的负责人。能不能够上一个当权派，我不好判定，大家说吧！'接着又有人提问：'迁移永乐宫本身就是封、资、修，就是为吕洞宾恢复祖庭，柴泽俊组织大家积极为封、资、修修庙，不是走资本主义道路是什么？'邓焰局长回答说：'永乐宫的迁移是中央决定的，省、地、县组织的迁建委员会也不过是个承办机构。柴泽俊是迁建委员会在工地的工程管理者，他也未必知道是为封、资、修修庙。他是在执行上级的任务。'提问者接着问道：'柴泽俊是不是坏人？'邓焰局长说：'到目前为止，我还没有发现他是个坏人。我说的未必准确，还是大家说吧！'这些问题在今天看来都不是问题，回答者也都是实事求是的正常回答，但在当时的形势下，情况就大不相同了。邓局长的上述回答招来一通言词激烈的批判，邓局长也只好低头不作声。紧接着，要宋平、刘静山、李正云等负责同志对上述提问一一回答。邓局长的说法引起几位负责同志的共鸣，大家都是按照邓局长的说法略有变化地重复一遍，可以说都是作了比较委婉的回复。召集和主持批斗会的群众组织对几位负责同志的回答很不满意，指责这些当权派和我都是一丘之貉。当时我虽然是被批斗对象，但心态还比较平静，心里还比较清楚。在这种不能平心静气摆事实讲道理的批斗会上，只能顺着造反派的口气回答问题，不能有其他申辩。"文革"期间的当权派多是身心受到摧残，泥菩萨过河，自身难保，哪敢有什么奢望。工作上稳健持重、待人接物谦逊谨慎的邓焰局长，如此平静而客观地回答上述问题，在当时的环境和气氛中是极为难能可贵的。他的每一句话在我的心目中如刻如凿，铭记在心。"

公元1968年，"文化大革命"运动进入高潮。当时在永乐宫"破四旧"的造反派们专程赶到太原,声言要把"为吕洞宾修建祖庭"的柴泽俊揪到永乐宫进行现场批斗。他们汇合了文管会的造反派用蓬布套住柴泽俊的头,再挂上写有罪行的大木牌,同时还拉上文管会的领导王孚、李正云等同志一起前往芮城。到卡车到达芮城附近时已过傍晚。当车辆驶进一个村口,忽然被一群当地人围住不让通行。无奈之下,车上的造反派不得不请柴泽俊出来解围,并承诺仅仅是回来开个会,不搞批斗。造反派经过了"这一关"后,方才知道柴泽俊经过八年修建永乐宫在当地人们心中留下的良好印象。不过,他们并不甘心,于是又组织人员开始检查这八年中永乐宫的所有账簿。正当他们毫无所获而垂头丧气之时,突然发现柴泽俊曾在某月借过十元现金。他们就像抓住挽回面子的稻草一样,兴高采烈。柴泽俊却坦然地回答道:"我已还了,不信你们可查某月的原始凭证!"结果是确有收到还款的凭据。他们此行只好无功而返。通过这件事,大家反而增加了对柴泽俊的敬意。

经过这几年的折腾,柴泽俊原有的胃溃疡一天重似一天,溃疡面由一处变成两处,疼痛日趋严重。不得已于公元1971年初住进医院手术治疗,一刀下去切去胃的四分之三。由于生活条件的窘迫,营养跟不上,术后恢复很慢。这一时期,生活在农村的长子被接回太原上中学。大女儿、二女儿上小学。三女儿"文化大革命"前夕出生,由于实在无力抚养,万般无奈下送给了芮城一户经济尚好的人家,二十多年后山西大学毕业,分配在省城某机关工作。柴泽俊出院后尚未恢复,又被指令参加了"斗私批修"的学习班……

(二)重修南禅寺

公元1971年末,中央要求山西汇报重要文物保护状况。当时担任山西省文化局副局长的邓焰同志分管文物工作,便通过学习班调柴泽俊与北京来的专家一起调研文物的保存情况。在老局长的带领下,他们一行从山西的南端到雁北的大同,实地考察重点文物保护单位(图二二)。山西是全国的文物大省,以地上文物为重,尤以古

二二　公元 1971 年，考察白求恩创办的模范医院。左起为李正云、王学斌、祁英涛、姜怀英、柴泽俊和鲁寿麟。

代建筑为全国之冠。难怪中央领导能在"文化大革命"这样的特殊期间提出保护文物的要求。在这次实地调研中，发现大同云冈石窟落石、裂隙严重，洪洞广胜上寺毗卢殿瓦顶坍塌透空，五台唐建南禅寺大殿倾侧严重（图二三）。

　　回到太原后，柴泽俊和考察人员写出了这几处文物的修缮设计方案，并通过省里上报国家文物局。国家文物局在中央领导的指示下组织专家评审南禅寺修缮方案。省文化局决定派柴泽俊参加会议，说明情况，听取意见。临行前，邓焰局长对他嘱咐道："南禅寺大殿是全国现存最早的木构建筑，修缮复原是一件大事，很多人都在关注，关注者都有自己的想法。这次国家文物局组织专家评审，肯定会有多方面的意见，要尽量做好记录。评审就是集思广益，把大家的智慧集中到你们搞的方案上来，使之成为一个好方案。这对保护重要文物建筑，对提高咱们的设计能力和水平都是大有好处的。退一步讲，哪怕评审会上否定了我们的方案，我们也要耐心听取意见，

二三　公元 1971 年，勘察南禅寺大殿时合影。右起为柴泽俊、李
　　　正云、祁英涛 、姜怀英和鲁寿麟。

然后按照国家文物局的决定，重新设计。'失败是成功之母'嘛。通
过这次设计方案的评审，我们要力争掌握文物建筑修缮设计要求。
平时一些专业人士不易讲到的技术和学术问题，这次都可能讲到。
这对我们是大有好处的，千万不可疏忽。"果不其然。正如邓焰局长
所预测的那样，会上各抒己见，争论激烈。一部分专家主张修缮复
原，一部分专家主张支撑保护，最终也没有形成一致意见。因此，国
家文物局决定派专家赴山西考察，并由王冶秋同志亲自选定杨廷宝、
陶逸仲、刘致平、莫宗江等人实地前往。
　　公元 1973 年 7 月，诸位专家赴五台南禅寺实地勘察，娄梦和邓
焰局长代表山西省政府负责陪同。为此，又从"学习班"里将柴泽
俊调出，与相关人员组成接待组，负责参与勘察、修订、记录和整
理设计方案。柴泽俊现场向诸位专家汇报了南禅寺修缮设计的修改
方案以及在大殿前发掘出的一个大而不规则的月台 (图二四)。这是
其他寺庙所没有的。通过专家们的现场勘察和讨论，在这个方案的
基础上又作了一些重要的修改和补充 (图二五、二六)。这段时间，
他还陪同这些专家们考察了佛光寺、应县木塔、云冈石窟等处，并

二四　公元 1973 年 7 月，柴泽俊（右一）向诸位专家们汇报南禅寺
　　　大殿周围的发掘情况。

二五　公元 1973 年 8 月，柴泽俊（中间讲话者）向专家们现场汇报
　　　南禅寺大殿修缮设计方案。

二六　公元1973年8月，诸位专家审定南禅寺大殿修缮方案后合影。左起为杨道明、罗哲文、莫宗江、刘致平、杨廷宝、卢绳、陈明达和刘叙杰。

由此与他们结下了深厚的师生之谊，为日后的交往奠定了基础（图二七、二八）。山西重点文物的抢修方案，经过专家们确定后正式上报中央。随后中央财政拨付资金五十四万余元，作为这次及日后正常文物的保护经费。这在当时"文化大革命"的特殊环境里是不容易的。

经过充分准备，公元1974年夏秋之际，柴泽俊和张殿卿、刘宪武两位同志扛着行李，背着米面，赶赴五台南禅寺，组织人员进行保护修缮。在组织施工中，他们找到了造成倾斜的原因：清代因西北面屋顶漏雨，当时修缮时因工匠不谙古代木构梁柱体系中上层顶端安置托脚所起的分力作用，将腐朽的托脚移去后没有复原，使之失去了托脚的分力作用而下层大栿在驼峰处承担了一个很大的集中荷载。经过百余年的长期负荷，就在梁中荷载处产生了很大的弯曲

二七　柴泽俊考察五台山留影

二八　柴泽俊在应县木塔前留影

二九　公元1974年，柴泽俊（左一）在修缮南禅寺大殿时亲临现场
　　　研究恢复唐制叉手问题。

变形，将西面的大桦压成了一个折线形，而东面的梁架由于托脚
未动，所以未发现有变形现象。因此，他们在这次落架翻修中将
托脚予以复原，恢复了原受力状态。同时，为保险起见，在东、西
两根大桦北面的驼峰下又加置了钢管支柱，在正殿的四角加置了
暗剪刀撑以增强抗侧向外力的能力。这样就彻底解决了几百年来
一直存在的受力不均问题，再无后顾之忧（图二九）。到公元1975
年下半年，我国最早的唐建南禅寺大殿恢复了原貌。王冶秋同志
亲自带队鉴定验收，效果良好（图三〇、三一）。此后，接着修缮
了云冈落石、洪洞广胜上寺毗卢殿瓦顶坍塌，并在公元1976年上
半年完毕。至此以后，山西文物建筑的修缮和保护步入了自行勘
察、测绘、设计和施工的新阶段，锻炼并培养了一支逐渐成熟的
施工队伍。

　　南禅寺位于五台县西部，属台怀外的寺庙。寺区四周，山峦环
抱，果木成荫。寺址规模不大，坐北向南，面积3000多平方米。此

三〇　维修后的五台南禅寺唐建大殿全景

三一　修缮后的五台南禅寺唐建大殿正立面

寺的创建年代不详，重建于唐德宗建中三年（公元782年），距今已一千二百余年，是武则天退位即神龙政变（公元705年）八十年后才重建的。殿内泥塑十七尊。坛上主像释迦牟尼体形高大，结跏趺坐于束腰须弥座上，两侧有文殊、普贤二菩萨分别驾坐狮、象。紧依主像的是阿难、迦叶二弟子和二胁侍菩萨。文殊、普贤之前有撩蛮、拂菻和二童子。再前面两隅为二侍立菩萨和二天王。释迦牟尼前面有二供养菩萨蹲于仰莲台座上。这些塑像的塑造正值我国佛教极盛的唐代，艺术之精，堪称高峰。不过，恰恰正是这些塑像和庙宇的复原，又使柴泽俊在公元1977年掀起的"揭、批、清"运动中被戴上了为"四人帮"脸上贴金的帽子，遭受到莫须有的批斗和清查。众所周知，江青一贯以"则天武后"自诩，而这些塑像又都是唐武则天以后重建的，因此一些别有用心的人就把这些塑像和庙宇的复原，牵强附会地说成是给"四人帮"脸上贴金，真可算是贻笑大方。

（三）发现岩山寺金代壁画

公元1973年初，就在山西省文化局等待国家文物局审批南禅寺修缮方案的空隙时间，柴泽俊和丁明夷、高礼双、杨子荣诸人为了复查山西古代壁画来到繁峙岩山寺考察。谁知这一考察竟改变了岩山寺的历史地位和文物价值。

岩山寺位于山西省繁峙县沙河镇东南12公里处的天岩村。这里是五台山北麓，涧水自山谷而泻，沿寺侧弯曲北流。寺址规模不大，寺内亦无巨构殿阁，地处偏僻，交通不便，长期不被世人所瞩目。它与周边的公主寺、宝藏寺等均属于五台山佛刹，是五台山北侧的山门之寺。明代以前香火隆盛，入清以后逐渐败落，几乎被人们所遗忘。寺内前有山门（天主殿），中有文殊殿（又称南殿），后有水陆正殿（也称弥陀殿），左右为伽蓝和地藏二殿，两侧有钟鼓楼，今仅存东侧钟楼。山门在战争中毁坏，弥陀殿"文化大革命"中被拆除而仅留台座、柱基和月台，惟文殊殿和钟楼如故。岩山寺最珍贵的

三二　岩山寺文殊殿东壁金代壁画

是壁画，但它的发现和确认却几经周折。上世纪50年代进行文物普查时，杨陌公等人发现了岩山寺建筑及其壁画。由于当时的认识水平和各方面条件有限，勘察者仅注意到岩山寺建筑的结构形制和时代特征，将此定为元、明遗物，对壁画未引起足够的重视。据此，岩山寺被确定为山西省重点文物保护单位，此后又被调整下放为县重点文物保护单位。限于当时的政治、经济条件，岩山寺曾一度处于无人管理的状态。

柴泽俊一行数人在岩山寺停留数日，发现文殊殿内彩塑和壁画皆具宋、金风韵，其中尤为壁画最为精致。他们在西壁上沿发现题记一方，证实了画工姓氏和壁画落成的确切年代。这组壁画是金代的御前承应画师王逵及王道等人于金大定七年（公元1167年）绘制完成的。虽然立于粉壁之上，但可与张择端《清明上河图》媲美。我国宋、金寺观壁画保存下来者不多，除一些残缺不全的片断外，山西高平开化寺和朔州崇福寺已是鸿篇巨制了。开化寺宋代壁画贴金已剥去，内容多为经变故事，东半部漏雨后灰尘弥漫已模糊不清。崇福寺金代壁画人物高大，题材单调，多为说法图。惟岩山寺金代壁画，内容丰富，技艺高超，当时的许多社会风貌跃然壁上，历八百多个寒暑而未毁坏，幸存至今，至为可贵，是我国古代寺观壁画中的瑰宝，具有极高的历史与艺术价值（图三二）。柴泽俊一行返回太原后，立即将岩山寺的情况呈报有关方面。公元1982年，国务院将其列入全国重点文物保护单位。公元1987年8月，柴泽俊向国家文物局报呈《岩山寺修缮工程设计书》。他写道："由于寺中金代壁画被发现，岩山寺受到学术界和各级领导的广泛重视，特别列为全国第二批重点文物保护单位，加强了对其的保护。现经实地勘察测绘，寺宇残损严重，墙壁裂缝，梁枋折断，瓦顶坍塌，台基残缺。有鉴于此，该寺急待修缮保护，全面翻修。"此项修复工程于公元1997年最终竣工（图三三）。公元1990年10月，一本全面记录岩山寺整体建筑及其沿革、壁画、相关文物的八开图集《繁峙岩山寺》由文物出版社出版。这是他继上世纪80年代发表数十篇研究文章以后的第一部学术专著。

三三　修复后的繁峙岩山寺全景

（四）三陪赵朴老

柴泽俊曾经三次陪同赵朴老查看山西文物。这是他一生最值得怀念的事情。赵朴老何许人也？他便是大名鼎鼎的全国政协副主席、中国佛教协会主席赵朴初先生。

赵朴初生于公元1907年，安徽太湖人。公元1935年，他二十八岁时皈依佛门，成了在家居士。公元1937年上海沦陷，赵朴初以"上海佛教界护国和平会"名义抢救伤员，收容难民，其中保护了不少的共产党员，又同胡愈之、许广平、雷洁琼等创办抗日救亡组织益友社。抗战胜利后，他与马叙伦、周建人、雷洁琼、许广平、郑振铎、柯灵等发起成立中国民主促进会。公元1949年9月，他应邀出席全国政协第一届会议，当选为全国政协常委。公元1958年，中国佛教协会成立，赵朴初任副会长兼秘书长。为改善中日关系，周总理指示赵朴初加强中日佛教界的友好往来。仅就山西的玄中寺，赵朴初就多次陪同日本佛教界朝拜净土宗祖庭。

公元1972年9月，日本田中首相访华，中日实现邦交正常化。

几天后，赵朴初陪同日本佛教代表团前来山西朝拜玄中寺。山西省成立了相应的陪同团山西省对外友好理事会，马烽作为负责人，柴泽俊则以对外友好常务理事的身份参与陪同。马烽时年五十岁，是国内著名作家。他的代表作有《我的第一个上级》，与西戎合著的《吕梁英雄传》更是家喻户晓。此时三十八岁的柴泽俊第一次见到赵朴老。朴老当时六十五岁，头发略有花白，一脸慈祥的笑意，常常双手合掌放在前胸，有一种无形的亲和力。山西陪同团陪同朴老和日本客人来到玄中寺。玄中寺，又名石壁永宁禅寺，位于交城县西北10公里的石壁山中，是中国佛教净土宗的名刹。玄中寺的创建始于北魏延兴二年（公元472年），从金代至民国时期几经焚毁，解放后才得以保护，重建了大佛殿和千佛阁，修缮了七佛殿、祖师殿、禅堂院等建筑。玄中寺属木构建筑，从多次毁坏而重建的时间来看，天王殿历史较长，是明万历三十三年（公元1605年）重建。前院大雄宝殿居中央，弥陀立像庄重慈祥。殿外左右的唐代碑亭为研究我国佛教史、雕塑史，尤其是研究玄中寺和净土宗的历史提供了重要资料。北上登台阶过垂花门为接引殿和菩萨殿。折转向上为七佛殿，殿内有迦叶佛、拘留孙佛、尸弃佛、毗婆尸佛、毗舍孚佛、拘那舍牟尼佛和释迦牟尼佛像。两侧柜内存有明殿藏经一套，是研究佛学的重要文献。再绕道北上为千佛阁。登阁凭栏远眺，石壁风光如画。阁内数百尊佛像聚集一堂，形态多样，大多为明清遗物。寺内东侧为禅堂院，方丈、僧侣多居于此。西侧为祖师殿三间，内挂中日净土宗创始人昙鸾、道绰、善导、法然（日本）、亲鸾（日本）的画像。其中昙鸾、道绰、善导都做过玄中寺住持，因此玄中寺是中日文化交流的桥梁和纽带。日本佛教界人士只要来中国，大多都要到玄中寺朝拜。

一行人陪同朴老来到祖师殿，朝拜了中日净土宗创始人昙鸾、道绰、善导、法然（日本）、亲鸾（日本）等人的画像，观看了两侧木柜内陈列的日本朋友馈赠的礼品和书籍，便来到休息厅小憩。其间有客人问朴老为何称净土，怎样修习？朴老笑答："按照净土宗的说法，人通过念佛修行，凭借阿弥陀佛拯救世人愿力的保护，即可往生西方净土。阿弥陀本意指'无量',也称'无量寿佛'。修习有几种方式,其中主要是诵读《观无量寿经》、《阿弥陀经》,观想阿弥陀佛西方净土世界的庄严,专门念诵阿弥陀佛的名号,主要是以称名念佛为主,凭借佛的愿力而获得解脱。"日本客人回到他们居住的晋祠宾馆五号楼前,正要散去之时,一客人忽然问山西陪同团的马烽:"我们已经看了几座寺庙,感觉都是你们有意安排的。能不能让我们随意看些普通的寺庙?"这时,站在马烽身边的柴泽俊接过话题:"的确,我们请你们观看的寺庙都是最经典、有珍贵历史价值的寺庙。我们是好客的,是尊重你们的,是想让你们把我们的友情带回去,促进我们两国人民的交往和了解。当然,我们也有一些残缺的寺庙,一些民间信仰的道场,正在逐步恢复完善。如果我们带你们去参观,是对客人的不尊重。我们历来都是把最好的东西奉献给友人的,这一点请你们明白。"又有一客人问道:"你们宗教信仰自由吗?"柴泽俊回身看着马烽,马烽点头微笑投来赞许的目光并示意他继续回答。柴泽俊答道:"这一点在我国的宪法中已经明确。每个公民都享有信仰宗教的自由和不信仰宗教的自由。我们的佛家僧人除了剃度出家,住在寺庙中的沙门包括比丘、比丘尼、沙弥尼外,还有在家信仰佛教的,我们称居士,比如赵朴老。而你们日本是兼职的,一律都称和尚。遇到法事就聚在一起,平时各自从事自己的职业。我们两国只是佛教习俗上有所不同。"这一番话,当晚就传到了赵朴老那里。

公元1974年5月,赵朴初先生陪同日本友人再度来访玄中寺,山西仍以马烽为山西省对外友好协会负责人,柴泽俊仍旧以常务理事身份陪同。在千佛阁前有客人没有敢向朴老提问,却带有挑衅的口吻对柴泽俊说道:"你们这千佛阁是把各个庙里的佛像不分宗派收集起来让我们看的吧!"柴泽俊看出了他的用意,从容地说到:"千佛阁数百尊佛像是玄中寺的镇寺之宝。中国佛教从宋代以来逐渐发展为以禅宗为主体的融合型佛教,是佛教内部各宗派的汇通与融合。主要表现在高僧信奉一个宗派以上,认为各宗派教义一致,皆来自佛说,可以相互补充。出家的僧侣不坚持在本寺庙长住,常云游各地。当他新到一个寺庙居住期间所塑的像,就是他们信奉的那个宗派的佛像。玄中寺住过许多别的宗派的僧人,也塑过许多不是净土宗的塑像,但都是佛教的供养像,后来此的僧人不愿也不会把这些佛像毁掉,因此就保留下来了。这正是玄中寺广纳众生的象征。希望你多了解一些中国佛教史。"说完后,柴泽俊才发现朴老就在他的身边。只见朴老双手合掌说道:"法眼宗僧延寿撰写《宗镜录》、《万善同归集》时就大量引用法相宗、华严宗、天台宗的著作,试图以禅宗华严宗的所谓'圆、顿'思想来汇通诸宗派,并且提倡净土信仰。这时的净土信仰已和唐以前的净土信仰不同,已经包含了禅宗心性思想为主体的唯心净土,即认为佛与净土不离自心,只要觉悟自性,自心清静就能速生净土。这种思想对禅宗与净土宗的融合影响很大。再比如明代四大名僧株宏是以信奉净土宗为主,同时兼奉禅宗和其他宗派;真可以信奉禅宗为主,同时兼弘其他宗派;德清虽是禅僧,但同时归心净土,主张念佛与坐禅并重;智旭兼奉天台、禅宗,也归极净土。这样以其多样性的教义和修行方法,可以为不同层次的人提供更为广阔的选择余地,从而更便于为民众所接受。"在归途中,朴老问:"你就是山西省文管会派来的小柴,柴泽俊吧!"这是柴泽俊两次陪同朴老,第一次面对面谈话。

公元1977年7月末的一天,嘀铃⋯⋯一阵电话铃声,山西省委王谦书记接起电话。电话一头传来赵朴初和善的声音:"是王谦书记吧,近期我要陪同日本佛教会去玄中寺,顺便去山西的几处古迹走走。你们很忙,就不打扰了。请你派省文管会的柴泽俊陪我就行。""谁⋯⋯?""就是省文管会的那个柴泽俊,前两次陪同过我。""好,好⋯⋯",王谦书记回答道。此时的柴泽俊正在"学习班"接受批判,学习班的看守很不情愿地放走了他。柴泽俊和赵朴老又相逢在玄中寺。几年不见,朴老显得更精神了。他要在全国范围内全面考察寺庙、僧侣的现状,同时为恢复中国佛教协会做准备。山西是他此行的第一站,与他同行的是他的夫人陈邦织女士。在玄中寺休息厅里,赵朴初兴致勃勃地给客人们讲述佛教的一些教规、教义。这时,有人提议请朴老挥毫留下墨宝，朴老欣然应诺。朴老的书法有"二王"的神韵、赵孟頫的遒丽和智永的深沉，形成自己清劲文秀、潇洒自然、温润苍劲的行书风格，笔墨间透着禅意，在日本和东南亚各国声誉很高。写过几幅后，朴老回身看着柴泽俊说道："我也给你写一幅吧。这是一首新作。"说罢，只见朴老挥毫而就："春节家家储爆仗，都为今朝大鸣放。虽云花在意中开，却是喜从天上降。璇玑照座天枢亮，棘荆锄根禾黍壮。天安门外动欢声，八万万人心所向。"题款曰："十届三中全会公告之夕，喜作调寄《四海欢》，泽俊同志属书留念。"朴老解释道："这是前两天，我在全国政协庆祝十届三中全会公报大会上朗诵的新作《四海欢》。"

在结束了陪同日本友人的活动后，柴泽俊陪同朴老离开玄中寺。途中，交城石壁山夕阳西坠，峭壁松树一片暮色，明月渐悬。朴老的心情又一次被禅关佛境感染，不觉吟起曾作的一首词："千古玄中，一天凉月，四壁苍松，透破禅关，云封石锁，楼阁重重，回头白塔高峰，心会处，风来一钟。挥别名山，几生忘得，如此秋容。"柴泽俊见朴老兴致很好，便向朴老请教道："玄中寺是净土宗祖庭，净土宗也算一派佛宗吗？"朴老笑答："佛教在隋唐时便有了八大宗派。在佛教理论界有观点这样认为：宗派主要是看各派有没有自己的教规、教义。比如，有以地名为宗派名称的叫天台宗，产生于陈隋时期；有以阐扬的经典为宗派名称的叫华严宗，是武则天大力提倡的；有以学说内容为名称的叫法相宗，也叫唯识宗，成于唐太宗、高宗时期；有以独特修养方法为名称的叫禅宗，也是创立于武则天时期。这四个宗派都有它自己的教规、教义和经典。这四个宗派对后来的中国哲学思想都有过广泛的影响。在隋唐时期宽松的政治、发达的经济和繁荣的文化环境下，为佛教其他诸派的萌生和成长提供了适宜的土壤。像三论宗、律宗、净土宗、密宗就是直接继承南北朝多宗派的基础上形成的，有的还与当时新传入的印度佛教经典相关。也有的观点不承认三论宗、律宗、净土宗、密宗为佛教正式宗派，而认为仅是一种信仰。这些新生的宗派也好，信仰也罢，都有它萌生、成长、成熟、认可的过程，也有的甚至逐渐衰竭和自灭。我们的责任是只要它是有益的和无害的，我们就要弘扬。"

回到晋祠宾馆已很晚，朴老嘱咐随行人员早点休息，明天的目标是崇善寺和五台山。崇善寺在太原市内，古称白马寺，后名延寿寺。始建于何时已不可考。明洪武十四年（公元1381年），晋王朱棡为纪念其母高皇后在延寿寺旧址扩建，改名崇善寺。清同治三年（公元1864年）失火，大雄宝殿等大部分建筑被焚，仅留存大悲殿，殿内有明代泥塑及宋、元、明三代版本的藏经，价值珍贵。朴老看后深为可惜，但看寺内香火鼎盛而又略感宽慰，随后便直赴五台南禅寺和佛光寺。在南禅寺，柴泽俊告诉朴老这是去年才重新修建完的，基本是复原了原貌，为此自己还带着一顶"贴金"的大帽子。朴老听罢，不住地点头，并会心地一笑。在佛光寺，朴老看到两座保存尚好的石幢，甚为赞叹！一座是在东大殿前，为唐大中十一年（公元857年）镌刻，幢身呈平面八角形，高2.84米，匀称秀美，基座束腰处壶门上雕石狮及仰莲瓣，幢身刻《佛顶尊胜陀罗尼经》。另一座是在山门内庭院当心，平面八角形，高4.4米，为唐乾符四年（公元877年）镌刻。看到南禅寺、佛光寺仍保留着原貌，朴老不无感慨地说："佛教事业的发展真不容易啊！"顺着朴老的思路，柴泽俊问道："历史上曾有四次大的排佛运动，特别是唐会昌五年的灭法运动，佛光寺几乎全部毁坏，独南禅寺由于规模小，地处偏僻而幸免于难。您老对这几次灭法运动怎么看？"朴老道："是的，在佛教传入中国后发生过四次大的排佛事件，时间是北魏太武帝、北周武帝、唐武宗、后周世宗。每个时期都有维护佛教和反对佛教的斗争。佛教是唯心的，但其中有许多辩证法，也给许多无助的人带来希望，是一种寄托。佛教哲学蕴藏着极深的智慧。它对宇宙人生的洞察，对人类理性的反省，对概念的分析，有着深刻独到的见解。佛教在与中国文化以儒家为代表的传统思想和生活习俗的融合中，演变为中华民族多元传统文化中一个不可分割的组成部分，直到今天还在广阔的领域发挥作用，并且还流传到东亚、南亚许多国家。"

8月初的五台，并没有炎热盛夏的感受，早晚间还透着丝丝凉意。五台之一的北台依然积雪寒冷。柴泽俊陪二位老人穿着厚厚的大衣，登上东台观看日出。朴老伫立台顶，只见云雾在群峰中弥漫，露出点点山尖，天空泛起浅玫瑰色的晨曦，渐渐变浓变深，渐渐变成橘红，又变成鲜红……柴泽俊看到老人在这清新超尘的境地似乎若有所思，便默默地陪同看完日出的全过程。回到台怀，朴老兴致不减，提笔写下了调寄《忆江南》："东台顶，盛夏尚披裘，天着霞衣迎日出，峰腾云海作舟浮，朝气满神州。"落款处写道："1977年8月4日登五台山东台顶观日出，归途作调寄忆江南，泽俊同志同游，书此留念。"

在五台山停留四天后，朴老便动身前往大同，顺路观看应县木塔。朴老在第一层参拜了释迦如来塑像，然后上第二层，站在平座，手扶拦杆向上眺望，片刻回身向身边的柴泽俊说："这座佛塔太珍贵了。佛塔是随佛教由古印度传入的，已有一千六七百年之久了。中国匠人将印度窣堵坡与中国的楼阁相融合，创作出楼阁式佛塔，并赋予它许多功能。这座木制结构的木塔更是将佛教、楼塔建筑和木匠大师们高超的造型艺术完美地结合在一起。"柴泽俊告诉朴老："公元1974年在维修木塔过程中，于毁坏的塑像腹部发现了不少辽代刻经、写经和木板套色绢画，为了解木塔和塑像年代，为研究辽代佛教活动和我国雕版印刷技术提供了重要资料。"朴老听后很是高兴，说道："这塔已经发现倾斜，你们一定要保护好它。"继续前行，朴老一行沿省干道经浑源进入大同市。第二天先去观看位于大同城区东街路南的明代遗物九龙壁。九龙壁坐南朝北，全长45.5米，高8米，厚2.2米，分三个部分组成，底部是须弥座，其上为壁身，顶部覆以斗栱和琉璃瓦顶。朴老看罢后说："这是北京两座九龙壁所不及的，色彩深厚稳重，也与北京两座九龙壁不同。"柴泽俊介绍说："这是公元1954年10月结合城市规划往南移了二十八米，就是现在的这个位置，按原样重新砌筑。去年又将倒影池迁移过来。它是我国现存最大最古的一座九龙壁了。"谈到琉璃艺术，朴老不无担忧地说："我国琉璃一直是民间艺术。封建社会琉璃的制作者不被人重视，他们的制作和艺术成就也未载入史册，是极不公正的，不能失传啊！"柴泽俊点头道："我公元1957年在佛光寺工作期间曾专门走访过附近的民间艺人，也观看过烧制过程。这几年随着对古建筑的考察，同时也对这项艺术整理了一些卡片资料以备将来之用。"这一番对白在十四年后的公元1991年，由柴泽俊编著的《山西琉璃》实现了朴老的嘱托。华严寺距九龙壁不远，同在东西大街，中间隔着南北向的小南街。朴老没有休息便直接进入华严上寺。华严寺分上下两寺，坐西向东。上寺以大雄宝殿为中心，下寺以薄迦教藏殿为中心，寺内其他建筑都围绕这两个中心布列在两条东西方向平行的中轴线上。下寺薄迦教藏殿内佛坛上布满了辽代塑像三十一尊。中央为如来像，神态慈祥，造型端庄。菩萨体态各异，神情自如，堪称辽塑精品。朴老感叹地说："无怪乎梁思成先生评此为'海内之孤品'。它不仅有优秀的艺术价值，而且对研究辽金建筑彩塑具有重要的科学价值。"柴泽俊向朴老请教："在山西的一些寺庙大殿里为什么把弥陀佛的塑像立在佛坛前面的中央，释迦牟尼却放在弥陀佛的左边，药师佛放在弥陀佛的右边呢？"朴老答道："唐代中期产生净土宗，到明代以后净土宗日益盛行。净土宗专门礼拜阿弥陀佛，一心专念阿弥陀佛的名号才能升入净土，因此信仰者尊敬弥陀佛，就把它摆在中央位置受人朝拜。这也反映出净土宗在民间的影响。"

朴老经过这十几天的考察已感劳顿，便对柴泽俊说道："小柴，咱们暂休两三天。你可随处走走，我在此接待一些来访的客人。最后咱们再看云冈石窟。"利用这几天时间，柴泽俊把陪同朴老一路上所看、所闻以及朴老的一些观点、思想等都及时整理成了卡片。几天后，这二老一少的身影又出现在云冈石窟前面。

云冈石窟位于大同市西北十六公里的武州山南麓。其最高处叫云冈，因此得名。云冈石窟依山开凿，东西绵延一公里，有大的洞窟五十三个（东部四窟、中部九窟、西部四十窟）。此外，还有一千一百多个小窟。全窟有石雕像五万一千多尊，大者17米，小者仅几厘米，指甲盖大小，有眼有鼻，生动传神。云冈石窟是我国最大的

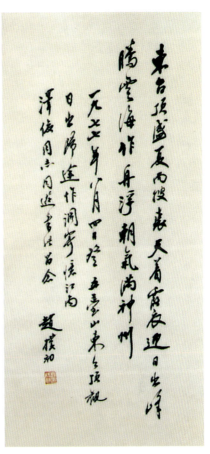
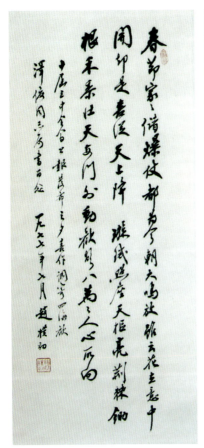

三四　赵朴初先生赠送柴泽俊的两幅墨宝

石窟群之一，也是世界闻名的艺术宝库，公元1961年被首批列为全国重点文物保护单位。朴老仔细地看了各窟石像的雕刻技法后说道："云冈石窟与辽宁省锦州市义县的万佛堂石窟同为一个系统，艺术手法相同，雕刻风格一致。只是后者晚于前者。石窟艺术原本产生于印度。最初它只是利用山间自然的洞窟作为佛教僧人坐禅、修持、集会及生活之用。后来自己凿洞，并在洞中设置佛塔、佛像，画上图画，主要是供参禅时观想所用。后来才越造越华丽、越壮观。随着佛教的传入，石窟艺术也一起传入我国，便与我国传统艺术结合，成为今天这个样子。"朴老又问柴泽俊："你知道山西有多少这样的石窟？"柴泽俊回答道："这十几年时间，我通过对古建筑的考察了解到我们省分布在各地的小型石窟和摩崖造像，从北朝到元、明时期，共有一百六十二处之多。按其规模、特色来说，主要是太原天龙山石窟、龙山昊天观道教石窟、高平羊头山石窟、昔阳石马寺石窟和平顺金灯寺石窟。"朴老接着说："就全国来说，沿着丝绸之路分布，最著名的石窟是新疆的喀什、库车、吐鲁番、玉门关敦煌莫高窟、酒泉万佛洞、永靖炳灵寺、天水麦积山、庆阳北石窟寺、洛阳龙门、巩县石窟寺、邯郸响堂山、济南千佛山、南京栖霞山及四川、陕西等地的石窟，真是'青云之半，峭壁之间，镌成石佛，万龛千窟'和'有龛皆是佛，无壁不飞天'呵。"

在三次陪同赵朴初先生的日子里，柴泽俊感同身受。尤其是朴老对中国佛教事业的忘我境界，更是"润物细无声"般地影响了他的一生。其间朴老赠送给柴泽俊两幅书法（图三四），表达了他对这位心有灵犀的晚辈知音的殷切希望。

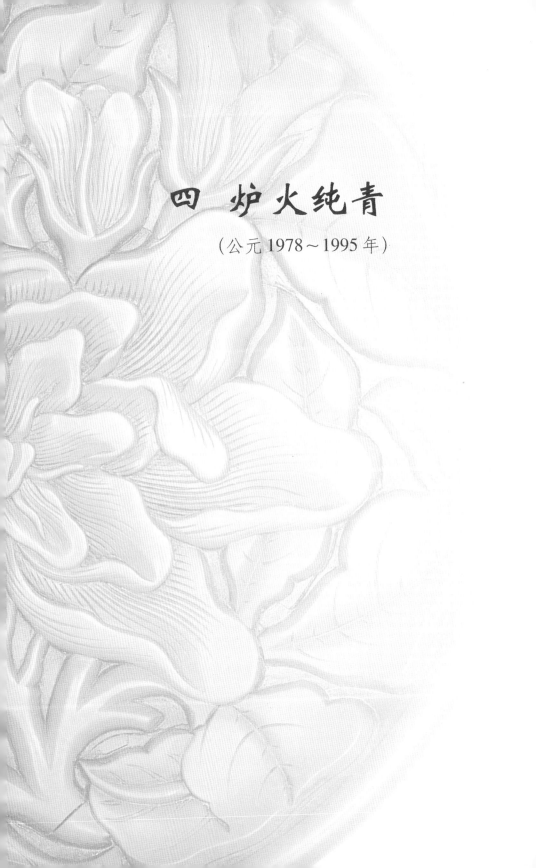

四 炉火纯青

（公元 1978～1995 年）

（一）山西古建筑勘察

公元1978年春节刚过，省文管会便任命柴泽俊为古建队副队长。当时的省文管会下辖两队两部：一队为考古队，二队为古建队，一部为陈列部（省博物馆），二部为保管部。山西地处黄河中游，是我国古代文化发达最早的地区之一。其古代建筑业的发展带动了整个历史文化的发展。南起风陵渡，北达长城边，建筑遗址几乎遍布全省各地。尤其是唐、宋以后的木构建筑、砖木建筑以及附属的壁画、彩塑、琉璃、石刻等形制完整，数量庞大。要对其进行全面的考察，决非短时间内所能奏效。为此，柴泽俊下定决心，开始了长达二十多年的实地勘察。

他有时带一组人员，但更多的时候是只身前往。每到一处，他再请当地文物管理人员协助。从山西南端的风陵渡、芮城、平陆、稷山和西边的石楼、吉县、隰县，到东边的陵川、平顺、左权和北边的天镇、阳高，其足迹遍及全省有古建可考的区、县、乡、村。他的眼光决不仅仅停留在已公布的全国重点文物保护单位上，而是把许多未列入任何等级的庙宇、祠堂和民居等，特别是一些带有地区、民族特色的建筑也都纳入勘察的范围之内。他每考察一处古建筑，都要做如下工作：一是测量绘图。对重点建筑物测量绘图，同时附带画上这一组建筑的地形图、总体平面图和剖面图。先构总体草图，再对各个部件依据总图需要画好部位草图。同时进行拍照，供绘图时参考。回到住处后，尽快绘制实测图，并进一步绘制修缮工程设计图、复原工程设计图和复原设想图。二是勘察记录。主要是记录建筑文物的基本情况，包括方位、地理环境、规模和特点。有的需要记录建筑物的面宽（间）、进深、形制、屋顶式样、有无围廊、门窗位置、梁架、斗栱、柱、枋、额以及转角等处的结构特点。另外，还要记录脊兽、雕刻和彩绘的时代特点以及保存情况。三是收集碑

三五　公元1983年，柴泽俊考察盂县圣母庙。

三六　公元1985年，柴泽俊（右二）勘察洪洞广胜寺。

三七 公元 1985 年，柴泽俊（右六）勘察蒲县东岳庙。

三八　公元1986年，柴泽俊（中）实地指导临汾大中楼复原工程。

三九　公元 1987 年，柴泽俊勘察运城的汉代陶楼。

四○　公元1991年，柴泽俊（右）考察五台山寺庙时登临白塔极顶拍照。

四一　公元 1994 年，柴泽俊赴山东泰安为全国古建培训班讲课时留影。

四二　公元 1999 年，柴泽俊在大同华严寺考察壁画与彩塑。

四三 公元2000年，柴泽俊（右）实地指导五台佛光寺文殊殿修缮工作。

四四　公元 2002 年，柴泽俊（右一）在五台佛光寺勘察。

四五　公元 2002 年，柴泽俊（左一）实地指导大同华严寺修缮工程。

四六　公元2002年，柴泽俊（左一）实地考察大同华严寺修缮工程。

刻、题记和文献资料。这一方面他已经积累了一定的鉴别经验，能够很准确地找出建筑和琉璃的题记位置，拓成拓片，并通过拍摄将这些内容及建筑形制、结构拍摄下来。用这些记载与建筑物对照，鉴定年代和价值，研究其历史沿革及演变过程。四是记录附属文物。例如，壁画、塑像、经幢、雕刻、藏经、供器等，从不忽略。因为有的地方附属文物价值很高，甚至超过古建筑的价值。根据这些勘察资料，写出勘察报告，说明其残损状况，并提出修缮意见。这一时期，他所收集和积累的珍贵而翔实的资料，为日后他的诸多专著提供了有力的依据。柴泽俊不论寒暑，不避风雨，不分昼夜，不畏途中的艰辛和坎坷，堪称建国以来全面考察山西古代建筑的第一人（图三五～四六）。

　　为了叙述的方便，笔者按古代建筑的结构形制及其附属文物的划分，将柴泽俊在这一时期的研究成果分述如下：

（1）古代木构建筑。我国现存唐代木构建筑六座，其中四座比较完整的都在山西省。它们是五台南禅寺、五台佛光寺、芮城广仁王庙和平顺天台庵正殿。五代木构建筑全国有四座，除了河北正定文庙大成殿，其余三座均为山西省的平顺龙门寺西配殿、大云院弥陀殿和平遥镇国寺万佛殿。宋、辽、金时期，山西保存下来的木构建筑有九十九处。以规模宏伟而论，大同华严寺大雄宝殿为全国之最。以结构之巧而言，应县木塔称世界奇迹。以数量之多来讲，又以晋东南为最。山西占全国唐宋时期木构建筑的百分之七十以上。山西元代木构建筑有三百五十处之多。其布局、单体形制、结构特点和装饰艺术有显著变化。芮城永乐宫是官式做法，洪洞广胜寺是民间手法，山西南部的戏台及州县衙署大堂也各有特色。明、清两代，山西保存下来的建筑数以万计。例如，万荣飞云楼和秋风楼、解州关帝庙、襄汾丁村民居、介休后土庙、祁县乔家大院、太谷曹家大院、太原崇善寺、交城天宁寺、五台诸寺、恒山诸宫、代县边靖楼和天镇慈云寺等，结构精巧，装饰富丽。柴泽俊以《山西古建筑概述》为题，用了约四万多字的篇幅，论证山西是中国古代建筑的宝库的观点，并将此发表于《山西文物》1982年第1期。他又以《山西几处重要古建筑实例》为题，将三万多字的文章刊载于《山西风物志》（1985年版）。

（2）古代楼阁。这是我国古代建筑中颇具特色的结构形式。它体积庞大，外观壮丽，结构精巧。其高多在两层以上，佛寺和道观内均有，有的还立于城市中心，如临汾等地。大多数遍布在大同、忻州、偏关、宁武、祁县、太谷、平遥、石楼、隰县等三十余县市。柴泽俊在公元1984年以《山西几处精巧的古代楼阁》为题，专门介绍了山西的古楼，并刊于《山西风物志》（1985年版）。

（3）古代佛塔。它是佛教寺庙中特有的一种建筑形式，梵文汉译为浮图、佛图、浮屠。从结构上区分，有木塔、石塔、砖塔、铜塔、铁塔、琉璃塔。依平面形状而论，有方形、圆形、六角形和八角形等。其立面形状有单层、二层、三层、五层、六层、七至十三层，也分空心、实心。山西佛塔自北魏起各代都有，一千五百年间不断建造，现存约有三百多座，分布于全省各地。他在公元1983年撰写了《山西古塔精粹》一文，后发表于《山西风物志》(1985年版)。

（4）古代戏台。我国戏曲艺术源远流长。上古时候以歌舞为主体，这在《尚书·舞曲》和《吕氏春秋·古乐篇》都有记载。《楚辞招魂》和《史记·滑稽列传》中专门记有宴乐场面。山西省西南部的临汾、运城一带（古称平阳），是我国戏剧的发源地之一，被誉为中国戏曲的摇篮。早期的演出形式多是平地设置，既歌且舞，四周围观。宋、金时期，戏剧登上舞台，这是我国戏剧史上的一个重大发展。在晋南、豫西、秦东这个三角地带，至迟在北宋时戏台便成为了戏剧的载体。这在北宋《东京梦华录》和《宋史》卷一四二中都有明确记载。山西南部的临汾、运城现已发现古戏台及其遗迹四十座。其中从地上勘察所得，临汾四座、洪洞四座、翼城二座、万荣五座；据考古发掘所知，襄汾九座、侯马一座、稷山六座、新绛二座。另外七座分布在临汾、运城外围或边远地带。柴泽俊在勘察中痛心地看到，许多戏台毁坏严重，戏剧文物不被人重视和保存。他以《平阳地区古代戏台研究》为题撰文，发表于《戏曲研究》1982年第11辑，从而为我国戏剧历史的研究开拓出新的领域。

（5）古代壁画。我国壁画艺术早在新石器时代就已出现。内蒙古、四川、山西等地发现的古代崖画便是壁画的雏形。春秋、战国时期，庙堂建筑内已绘制壁画。两汉时期，宫廷、庙宇壁画已成章法。壁画的大规模发展，还是佛教传入中国以后的东汉初年。唐代形成壁画艺术的高峰，大体可分寺观壁画和墓室壁画。宋、金、元时期，墓室壁画明显减少。寺观壁画在这一时期成为山西古代壁画的主体。以宋、金、元、明、清时期而论，山西冠于全国，已知者近7000平方米，分布在七十多座寺庙。其中有不少作品不仅是我国美术史上的杰作，而且是全国仅见的孤例。

山西具有代表性的寺观壁画有佛光寺唐代壁画、大云院五代壁画、崇福寺金代壁画、永乐宫元代壁画、青龙寺元代壁画、兴化寺元代壁画、广胜寺水神庙元代壁画、新绛稷益庙明代壁画、汾阳圣母庙明代壁画、大同华严寺大雄宝殿清代壁画。柴泽俊特别撰写了

《略论山西古代壁画》一文，载于《山西文物》1982年第3期。他向美术界大声疾呼：中国古代寺观壁画能保留这么一批优秀的作品是值得庆贺的，是应该引起足够重视和珍惜的。我国壁画中的优秀传统不仅在绘画方面有着自己的艺术风格，沿袭相承，就是在壁质构造上也是自成体系，足以为美术工作者所借鉴。

（6）古代彩塑。雕与塑是不尽相同的。雕多指石质和木质雕刻的艺术品，又称石雕或木雕艺术。石雕包括石窟寺、摩崖造像、石刻造像、造像碑、造像塔和碑碣等。塑指用陶土或粘土捏制而成的泥质塑像，内装木骨，束以稻草，外用黏土加各种纤维捏制而成，有的表层施以彩色。据不完全统计，山西现存的古代彩塑为唐代八十二尊、五代十一尊、宋辽金四百一十四尊、元代四百六十八尊、明代五千八百七十八尊和清代六千余尊。五台南禅寺、佛光寺和晋城青莲寺存有我国寺观中极为少见的唐代塑像。五代遗物更少，仅见于平遥镇国寺所留的十一尊。宋金以后的作品较前为多。这些塑像有的丰盈，有的俊俏，有的圆润，有的洒脱，塑工细腻，极富艺术魅力。柴泽俊沉醉其中，在公元1983年撰写了《山西古代彩塑选粹》一文，随后发于《山西风物志》（1985年版）。

（7）石窟造像。石窟造像是我国古代雕刻艺术的一个方面。山西除了著名的云冈石窟和天龙山石窟，分布在各地的小型石窟和摩崖造像就达一百六十处之多。其中北朝四十九处、隋唐六十二处、宋辽金十八处、元代十三处、明代十八处。从这些石窟的保存情况看，有的基本完好，有的局部风化，有的残损严重。

为此，柴泽俊于公元1984年撰写了《山西几处小型石窟造像》一文。

（8）古代石刻。古代石刻包括石刻造像、造像碑和文字碑碣三个部分。山西石刻艺术在西汉之际已相当普及。现存北魏、唐至宋代的石雕佛龛和单身造像就达二千件之多，还有造像碑一百五十余通、小型石塔和石幢六十余座，各类文字记事碑文遍及各地。它们有的存于寺庙殿宇内，有的独立存在。例如，襄汾造像碑、沁县南涅水石刻造像、北魏霍扬碑和隋舍利塔碑都堪称经典。柴泽俊在公元1985年撰写了《山西几处古代石刻记略》一文，载于《山西风物志》（1985年版）。他又把《碑刻与古建筑之缘》发表于《运城石刻研究》1995年第2期。

（9）古代琉璃。中国的琉璃制作是由春秋、战国时的明器发展而来的，北魏始用于建筑屋顶，元、明、清时已遍及全国各地，成为古代建筑上极富民族特色的装饰艺术构件。琉璃是以铝硝化合物为助熔剂的一种低温铅釉制品。柴泽俊在勘察中发现这些琉璃制品装饰于建筑物屋顶上，历经数百年寒暑色泽如故，放射出夺目的光彩。其中有吻兽、脊饰、狮子、供器、龙凤、花卉、仙人、武士、佛像、押鱼、天马等，造型生动，色彩艳丽，各尽其妙。许多琉璃制品既有年代可考，又有匠师姓名，历经社会变革和自然风雨而保留至今，的确难能可贵。他在公元1990年撰写了《宋金时期的山西琉璃艺术初探》一文，明确地提出了这些琉璃的捏制和烧造都出自民间匠师之手。正是这些艺人匠师的贡献，才使得这一民间技艺在我国传统艺术殿堂占有一席之地。山西不仅是中国古代建筑的宝库，而且也是我国古代琉璃之乡。

在长期的野外勘察中，柴泽俊把古建事业放在首位，无暇顾及自己的家人，尤其是自己年迈的老母。公元1988年11月，已担任省古建所所长的他正在浑源考察，忽然接到母亲病危的消息，当时因无法离去，只好等到考察结束才匆匆赶到临汾老家，可为时已晚。八十岁的老母已阖然长逝，母子生前未能见到最后一面。回想母亲带着他哥俩在参峪村避难的艰苦日子，这几年生活好了，却不能侍奉母亲于左右，柴泽俊心如刀绞。他只能把这愧疚之心奉献于山西的古建事业，用以报答这块培养他成长的故土。

（二）古建研究的开山之作

如果说从上世纪50年代至"文化大革命"前是柴泽俊初涉古代建筑专业的时期，"文化大革命"至上世纪70年代末是他经受锻炼、学以致用的探索阶段，那么上世纪80年代起则是他的古建思想体系和专业施工水平逐渐成熟，同时有大批专著问世的时期。

在诸多的古建筑勘察著述中，《三十年来山西古建筑及其附属文物调查保护纪略》是柴泽俊在公元1979年初为《文物》杂志创刊三十周年而写的一篇专论。从其学术生涯而论，堪称柴泽俊深入进行古建研究的开山之作，刊于《文物资料丛刊》1981年第4期，后收入文物出版社1999年出版的《柴泽俊古建筑文集》。全文一万余字，配有照片和绘图，由三部分组成。第一部分讲述山西古建筑分布的状况、数量、规模、始建年代、文物价值及其附属文物桥梁、佛塔、民居、壁画、琉璃、石刻等的分布、数量和状况。第二部分为几座重要古建筑的修缮保护现状，还提供了当时修缮的用料配比。第三部分利用古建筑和其中的碑刻题记进行历史地震考察。此文率先准确地公布了山西现存的唐、宋、辽、金时期的木构建筑为一百零六座（占全国现存同期木构建筑的72.6%）、元代木构建筑为三百五十多座、古代彩塑九千余尊、古代寺观壁画保存较好者7000余平方米。除此之外，石桥、佛塔、民居、石窟、石刻造像等的数量均居全国首位。此言一出，可谓石破天惊，引起山西省委、省政府领导的高度重视。时任山西省委副书记的贾俊见到此文后要求省委宣传部刊印三千份，让山西省厅、局级干部人手一份作为推动山西文化发展的一把钥匙。这些数据也成为后来把山西列入文物大省的重要依据之一。

此文何至于有如此影响，这是因为除了它精确的分布状况报道，对某处建筑中的某个部件的年代背景也有精细考证，同时还涉及许多附属文物年代的考证。例如，文中记载"……广仁王庙正殿，唐太和五年（公元833年）建，早于佛光寺二十六年，晚于南禅寺四十九年，是介于二者之间的一座殿宇。这座建筑是五间单檐歇山式小殿，两梢间很窄，进深四椽，平面呈长方形，斗栱和梁架都还是唐代原构。平顺天台庵正殿是一座三间见方的小殿，单檐歇山式。庙内其他建筑已毁，独留这座殿宇。殿前唐碑一通，字迹漫漶不清。殿内木构件受烟熏而有些变色，虽未发现确切建年，但建筑的现状由檐柱到梁架全部还是唐制。经过测量，该殿斗栱和枋子用材断面不甚一致。这与中唐时期的南禅寺有些近似，对于人们研究和认识唐代建筑中材契规格模数的演进颇有价值……我们在平顺勘察壁画时，发现平顺石城公社西北山腰有一座龙门寺。寺内前院配殿是五代时期后唐同光三年（公元925年）的建筑，小三间，单檐悬山顶，只有阑额而不用普拍枋，斗栱简洁古朴，斗幽页较深，殿顶举折平缓，梁架结构简练而苍劲。五代时期的悬山式殿宇，这还是仅有的一例……"这些地方都不是声名远扬的古迹胜地，而是在偏远乡村某个角落里幸存的遗迹，由此可见一个文物保护工作者不辞千辛万苦而跋山涉水所留下的足迹。此文在谈到山西古代寺观壁画时亦有精确的记载："唐代的32平方米、五代的20.69平方米、宋代的86.74平方米、辽代的约15平方米、金代的442.71平方米、元代的1314.24平方米、明代的约2162平方米、清代的约2830平方米。上述近7000平方米壁画分布在各地寺庙之内。唐代壁画在五台山佛光寺东大殿内拱眼壁上和明间佛座背面，五代壁画在平顺大云院正殿内东壁和扇面墙上，宋代壁画在……"如此精确的数据和翔实的考证，怎么能不使读者动容呢！在谈到古建筑的保护时，此文把古建筑的修缮保护归纳为三大类型，即经常性的保养维修工程、抢险性的加固保护工程和重点进行的修缮与修复工程。经常性的维护保养是各级文物管理部门最基本的工作要求。他在勘察中发现一些保护单位忽略了日常保养维护，给文物的长久保存带来极大隐患。他在文中这样写到："古建文物在保存过程中，经受着人为和自然界的各种侵袭，各种复杂的情况都可能出现。经常性的保养维修工作必须加强，才能使弊病和隐患消除在萌芽时期，减少大型修缮……凡是这方面工作做得较好的，保护效果就好，反之，残坏情况就较易出现。"

此文发表已经三十年，经过全省文物工作者的共同努力，山西范围内的文物发掘和地面古建筑的保护取得了巨大的成绩。在上世纪80年代中期，山西已跻身于全国文物大省的行列。三晋大地从南到北，从西到东，数以万计的木构建筑、砖木建筑、石料建筑已使中国古代建筑能够鲜明而系统地屹立于世界建筑之林，成为中华民族的骄傲。

（三）筹办古建专业培训班

公元1979年12月，山西省文物管理委员会提升为山西省文物局。公元1980年初，在古建队和考古队的基础上分别成立了山西省古代建筑保护研究所和山西省考古研究所。柴泽俊任省古建筑保护研究所副所长，所长由山西省文物局副局长李正云先生兼任。

随着文物保护工作的深入开展，古建筑的勘察研究和修缮保护任务日渐繁重。为适应这一形势的需要，培养一大批高素质的文物工作者就显得尤为必要。公元1981年，国家文物局委托山西省古建筑保护研究所举办一期由十六个省市九十多人参加的古建筑培训班。山西省文物局决定由柴泽俊负责筹办，并主讲《山西古代建筑史》、宋代《营造法式》、清代《工部营造则例》和《山西古代建筑概述》等课程。几经商量，地址选在山西运城解州关帝庙。这是建国以来规模最大、邀请全国知名专家最多的一次培训班。学生都是各省市从事古建筑专业方面的第一线工作人员，教师也是柴泽俊邀请来的全国一流的建筑学家。其中有莫宗江、于倬云、余鸣谦、张驭寰、陶逸钟、杜仙洲、罗哲文、潘谷希、郭湖生、田中淡（日本）、杨鸿勋、王世仁、祁英涛、刘叙杰、傅连兴和李竹君先生，共计十六人。他们讲述了二十四个课题，涉及古代城池、宫殿、坛庙、陵墓、民居、寺观、石窟寺、古塔、园林和建筑史研究、建筑美学、建筑结构、宗教艺术以及古建筑的勘察、鉴别、保护与维修等内容。这次系列讲座集数十年来我国古建筑方面取得的调查研究的成果，比较系统地阐明了我国古代建筑的发展历程和成就，内容丰富，涉及面广，对中国建筑史理论的研究和古建筑保护工作极具参考价值。

柴泽俊在培训班开学典礼上讲道："在中国建筑业的发展中，真正认识中国古建筑的发展成就还是在20世纪30年代以后。我们著名的建筑学家梁思成、刘敦桢二先生及同仁，在那战火纷飞的年代里，长途跋涉，历尽艰辛，寻访古代建筑。他们从调查研究入手，勘测实物，考证文献，阐述中国古代建筑的辉煌成就，贡献卓著。梁、刘

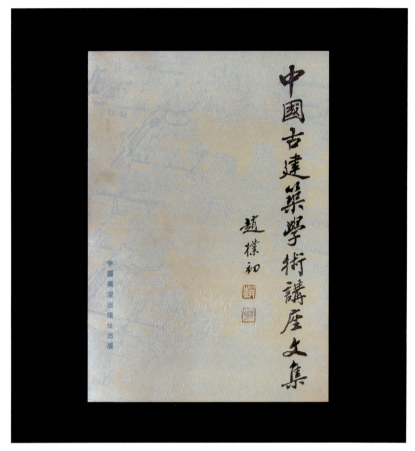

四七　柴泽俊整理出版的《中国古建筑学术讲座文集》

二先生又开创了中国建筑史这一前所未有的学科，培养出许多研究祖国建筑史的人才。我曾于50年代初，在晋祠聆听刘敦桢先生的讲课，受益匪浅。在这些前辈的精心培育下，才有了我们今天中国古建筑全新局面的盛况。在坐的诸位，通过这期的讲座，必然激发大家对中国古建筑的热情，学到真正的知识。你们各位仅仅是全国古建筑工作者中的一部分，还有许多工作者仍奔波在基层一线，希望你们把学到的知识带回去，带动全国的古建筑工作者，把我国的古建筑事业推向新的高潮，而你们也将成为我们古建筑专业中的骨干和精英。我预祝你们在各自的单位都取得很大成就，我们的培训班也一定会圆满成功。"

经过这期培训，不但培养了许多古建筑人才，而且对柴泽俊自身也是一个再提高的过程。公元1983年10月，柴泽俊将这次培训班所讲的课题汇编成书，并亲自上京，请赵朴初先生题写了《中国古建筑学术讲座文集》的书名，后由中国展望出版社出版，成为山西省古建筑工作人员的必读之书（图四七）。值得欣慰的是，这期培训班的山西学员后来大都成为山西各文物单位的带头人。

公元1987年，山西大学开设古建筑专业大专班，学制三年，以招收山西学员为主，外省也有十几名学生。柴泽俊被聘主持大专班，并主讲宋代《营造法式》、清代《工部营造则例》、彩塑、壁画、琉璃、宗教知识、怎样勘察测绘古建筑、古建筑概述、古建筑结构等课程。他还专门邀请名家单士元、杜仙洲、于倬云和杨道明先生等前来授课。

从公元1981年全国范围的培训班结束以后，柴泽俊每年都用几个月的时间在忻州、长治、晋中、临汾、运城等地开设短期培训班。

四八　柴泽俊课余和学生们一起讨论研究

四九　公元1989年，柴泽俊应聘为东南大学新生讲授古建课程。

有时就某个问题进行专题讲座，有时是对某个方面的施工问题进行现场讲述。他为山西古建筑事业培养出一批又一批的专业技术人员。他的学生遍及山西省各级文物管理和保护单位，还有的在外省的文物保护单位，真可谓桃李满天下（图四八、四九）。

（四）担任省古建所所长

公元1984年5月，柴泽俊被任命为山西省古建筑保护研究所所长。古建所理应是一个科研性质的保护修缮机构，但当时全所六十人中只有两个工农兵学员身份的大学生，没有图书资料室，没有像样的测绘仪器，没有古建筑模型实验室，更谈不上科研经费。仅有研究之名，而无科研之实。这其中的原因一是国家刚刚步入以经济建设为中心的轨道，一切都得重新开始；二是其机构的前身是古建筑工程队，专业研究人才缺乏。他在担任古建所副所长时期，就把全部的精力都用在古建筑的勘察维护以及为培养人才举办各种类型

五〇　五台南禅寺大殿模型

五一　五台南禅寺大殿模型内部梁架

的专业培训上。他担任所长后更感觉人才的重要，把培养人才放在首位。他号召机关职工通过各种学习途径达到大学专科以上学历。给时间，付学费，鼓励大家要有专业，而且还要掌握诸如历史、文学、考古等边缘学科的相关知识，并通过实际工作来快速提高自己。一时间，单位职工上各类补习班、各类培训班读书学习蔚然成风。这也恰与当时全国性的读书求学热潮融为一体。短短几年，全所职工中大专以上学历者已占50%以上。学习的热情带动了工作的热情，他们中许多人都已奔赴在勘察、保护古建筑的第一线。

作为研究设计单位，没有专业图书资料室对古建筑的研究、设计都是困难的。柴泽俊通过文化厅、文物局向山西省科委申请资金，再从自有经费中积攒一部分，终于在公元1988年建立起百万元的古建筑图书资料室，近二十多年来一直起着巨大的作用，现有藏书十几万册。

古建所成立以来，其勘察测绘的仪器一直是"文化大革命"前使用的普通而简单的测量仪器，功能和效率是低下和落后的。这对古建筑勘察和测绘工作影响很大。《论语》曰："工欲善其事，必先利其器。"柴泽俊又通过省科委向省财政厅以及国家文物局申请购买价值百万多元的近景摄影测量仪、全自动绘图仪等一批先进仪器，从而为测绘高层建筑提供了条件。这在当时的全国文物界是独一无二的。

筹备古建筑木结构模型实验室。要建立这样的实验室需要具备如下条件：一、用于购买模型材料的资金；二、能工巧匠；三、精确无误的古建筑原物的图纸尺寸等。从公元1984年至1989年3月，仅用了五年时间，一套颇具规模的百万元价值的实验室基本建成。其中制作了能够代表山西古建筑风格的木结构建筑模型十七座，均按国际通用的1∶20的比例缩制。经国家有关专家鉴定，其测量准确，制作精良，榫卯雕饰等与实物完全相符，真实地再现了原物的造型、结构、工艺水平和科学成就。例如，南禅寺大殿模型（图五○、五一）、晋祠圣母殿模型（图五二、五三）、佛光寺东大殿模型（图五四、五五）、应县木塔模型（图五六、五七）、万荣飞云楼模型（图五八～六○）等都堪称精巧绝伦的木结构模型艺术。这十七座古建筑木结构模型，被北京古建筑模型博物馆以有偿付款的方

五二　太原晋祠圣母殿模型

五三　太原晋祠圣母殿模型檐下斗栱

五四　五台佛光寺
东大殿模型

五五　五台佛光寺东大殿
模型内部梁架斗栱

五六　制作应县木塔模型

五七　应县木塔模型二、三层结构

五八 公元 1988 年，柴泽俊（中）正在讲解万荣飞云楼模型。

五九　飞云楼模型檐头结构

六〇　飞云楼模型正面中部结构

六一　鹳雀楼模型在澳门回归时成为山西省政府的礼物

六二　公元1997年，柴泽俊（中）在山西省政府赠送香港的应县木
　　　塔模型前留影。

六三　应县木塔模型
　　的雄伟风姿

式永久性收藏。此后两年，山西省古建所又做了第二套模型，继续用于教学和研究。在公元1997年香港回归祖国、公元1999年澳门回归祖国之际，山西省古建所还分别制作了山西永济鹳雀楼模型（图六一）、山西应县木塔模型（图六二），代表山西省赠送港、澳地区，作为庆典的礼物。这两座模型以其制作精妙，巧夺天工，独占鳌头，受到海内外人士的齐声赞叹（图六三）！

古建筑保护和修缮的对象绝大部分是木结构建筑，因此木材是重中之重的修缮材料。尤其是上好的材质，更为可贵。建所之初以及建所之前，都是随用随购。其材质以及木材的干湿程度无法保证，势必影响施工及建筑物的质量。为此，建造自己的木材库是最好的办法。正像老百姓所说的"手中有粮，心中不慌"。柴泽俊四处筹措资金，在上级单位的大力支持下，最终建成约百万余元的优质木材库。这在上世纪80~90年代起到了无法替代的保障作用。

公元1984年10月，中共中央十二届三次会议作出了《关于经济体制改革的决定》。改革计划体制，发展商品经济，提高企业效率，已成为整个国民经济发展的迫切需要。长期处于全额财政预算体制下的省古建所也面临着体制改革的挑战。根据山西省委、省科委对科技单位体制改革的要求，山西省古建所决定采取部分有偿服务、部分自收自支的方法来补充经费的不足。走向社会，推向市场搞设计，首要的前提是必须具备资质。当时在全国范围内古代建筑设计还没有现成的明确的资质评审制度，只有现代建筑部门有这样的资质制度。为了尽快完善体制，柴泽俊查阅、收集、整理建国以来我国有关法律制度，特别是改革开放初期一些政策、规章，尤其是现代建筑行业的一些资质评审的规章制度，花了近一年的时间草拟出《古代建筑专业设计资质及评审标准》和《古代建筑专业施工资质评审标准》。这两套大型规范准则报山西省文物局、文化厅后，于公元1986年10月在太原体育宾馆召开了由省财政厅、省建设厅、省文化厅、省文物局、省物价局、建设银行等几家机构组成的联席资质评审会议，讨论确定了古建筑专业资质等级标准。大会还评定山西省古建筑保护研究所为甲级古建筑设计单位、甲级古建筑施工单位。

六四　公元1988年，柴泽俊（中）在西藏拉萨与布达拉宫修缮方案
　　　专家组合影。

由省财政厅报国家建设部批准试行。此项资质的确认不仅在山西省
就是在全国古建筑专业内都是首例，从而为以后的资质评审及认定
留下了规范的政策依据和标准。经过上述这些开创性的工作，使山
西省古建筑保护研究所走在了改革开放的前列。

　　除了取得工作中的一系列成绩，柴泽俊还广泛地进行有关古建
筑的各项社会活动。公元1982年，由中国科协筹建的中国文物保护
技术协会在北京成立，柴泽俊被聘为理事、常务理事，公元2002年
被选为副理事长。同时，他还被中国建筑学会、建筑历史学术委员
会聘为学术委员，兼任山西建筑学会设计委员会副理事长。公元
1988年三晋文化研究会成立，柴泽俊任理事，此后又任常务理事，
公元2003年升任副会长。公元1988年4月，柴泽俊受国家文物局委
托，带领山西、河南、河北三省古建专家组赴西藏考察布达拉宫残
损情况，并制定了总体修缮方案，经过中央七部委商讨报国务院审
批，并于同年10月被批准实施（图六四）。公元1992年、1994年，
柴泽俊两次赴香港、澳门以及东南亚各国，把中国古代建筑介绍到

六五　　正在重建的鹳雀楼全景

六六　　鹳雀楼工程获奖证书

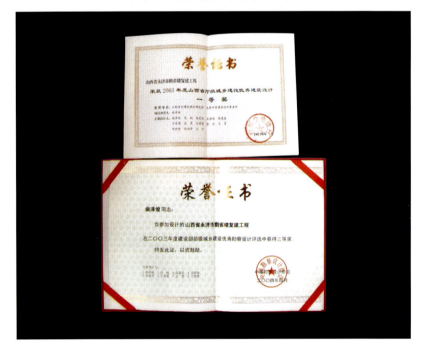

海内外。鹳雀楼是我国古代四大名楼之一，与武昌黄鹤楼、洞庭湖畔的岳阳楼、南昌滕王阁齐名，位于山西永济县境内的黄河岸边，形体壮丽，结构奇巧，文人墨客登楼赏景后留下了许多不朽的诗篇。遗憾的是，鹳雀楼创始于北周（约为公元557年），兴盛于唐、五代、宋、金，元时（约公元1272年）楼身毁坏，仅存遗址，此后再未重建。明、清两代黄河泛滥，其基址也毁之不存了。公元1991年，江泽民总书记会见英国前首相撒切尔夫人时曾赠王之涣《登鹳雀楼》诗。公元1992年4月，江泽民总书记访日时题诗"欲穷千里目，更上一层楼"。为弘扬中国历史文化，增强中外文化交流，山西省决定重修鹳雀楼。柴泽俊于公元1992年主持对鹳雀楼的第一次设计，公元1996年又主持了修改设计，公元1998年开工，公元2002年竣工。新建的鹳雀楼位于黄河岸边，雄伟而壮观（图六五、六六）。

（五）修缮几处珍贵的古建筑

从上世纪80年代初期到90年代中期，柴泽俊在对山西省古建筑进行大规模的勘察与研究的过程中，还亲自主持了对临汾魏村戏台、稷山青龙寺、朔州崇福寺弥陀殿、晋祠圣母殿等处古建筑的大规模修缮和保护，特别是对后两处修缮尤著。

公元1985年10月，柴泽俊在朔州勘察崇福寺时发现弥陀殿年久失修，残损状况比较严重。崇福寺位居朔州城内东北隅，是雁门关外的著名佛刹，总面积为36000平方米，主要建筑依次为山门、金刚殿、千佛阁、三宝殿、弥陀殿和观音殿，始建年代约为唐高宗年间，但实物已不存。其中弥陀殿为金代所建，观音殿也应是同时构建，其余各殿约为明、清重建。弥陀殿是崇福寺的主殿，有高大的台基和月台，是典型的辽金建筑。殿顶椽飞上面无望板，全部用栈砖铺设。殿顶上用筒板布瓦覆盖，瓦条垒脊，四边沟头、滴水、鸱吻、脊刹、脊端兽头和翼角处的仙人、武士像等全为黄、绿、蓝三彩琉璃制品，大都为金代原作（图六七～六九）。殿内立弥陀佛、观世音和大势至二菩萨塑像。其背光雕塑着各种卷云纹饰，剔透玲珑，

六七　崇福寺弥陀殿正脊琉璃鸱吻

六八　崇福寺弥陀殿正脊西侧琉璃武士像

精致至极。这在已知的宋、辽、金彩塑中既是巨作，也是佳品。殿内南壁、西壁和东壁的壁画基本完好，大都为金代原作。其内容有说法图、坐式佛像、千手千眼观音等，布局疏朗，色彩以朱红和石绿为主，格调古雅。弥陀殿在历史上是没有落架大修过的，而此时已经到了不得不落架大修的境况，所承担的风险是极大的。这期间有人提出顺其自然风化，对于管理者不会有任何责任，但大修出现闪失，个人责任重大，而且将声名俱毁。请他慎重抉择。

出于一个文物工作者的天职，柴泽俊依然向山西省文物局、国家文物局上呈了崇福寺弥陀殿勘察报告，说明残损状况，提出维修对策，同时又拟出了这次落架大修的难点。随后，柴泽俊又写出《弥陀殿修缮工程设计书》，明确了工程范围和任务，复原项目，加固的项目，甚至对施工的步骤和方法及施工注意的问题都作了明确的要求。按照常规，施工步骤与方法是工程人员和技术人员应具备的常识，无需设计书中赘述，但弥陀殿价值珍贵，如步骤和方法不当，将会造成无法弥补的损失。经反复实地勘察与研究，确定分十步施工。同时，针对施工中的四个难点分别写出《弥陀殿壁画加固保护设计书》、《弥陀殿塑像加固保护设计书》，一并经国家文物局专家会议审核修订。国家文物局拨付资金四百万元用于落架大修，山西省古建筑保护研究所承担项目实施，柴泽俊主持了勘测、设计和施工的全过程。公元1987年，加固保护塑像。公元1988年，揭取壁画，烧制砖瓦，加工残缺木构件。公元1989年，加固修复壁画，拆卸殿身构架，加固残损构件，砌筑基础，补配琉璃残片。公元1990年，安装木构架、瓦顶，装配脊饰、吻兽，砌筑檐墙下部槛墙，安装防震斜撑和壁画框架。公元1991年，安装壁画，修复画面，砌墙，墁地，修补格扇、板门，油饰断白。至此，弥陀殿修缮工程全部竣工。经国家文物局专家组鉴定验收，修缮效果良好（图七〇）。公元1992年，此项工程被省建设厅评为优质设计工程。他的专著《朔州崇福寺弥陀殿修缮工程报告》于公元1993年由文物出版社出版。公元1995年10月，由日本专家铃木充翻译的日文版《朔州崇福寺弥陀殿修理工事报告书》在日本出版。日本财团法人、文化财建造物保存

七〇　修缮后的朔州崇福寺弥陀殿

七一　公元 1995 年 10 月，日文版的《朔州崇福寺弥陀殿修理工
事报告书》在日本出版。

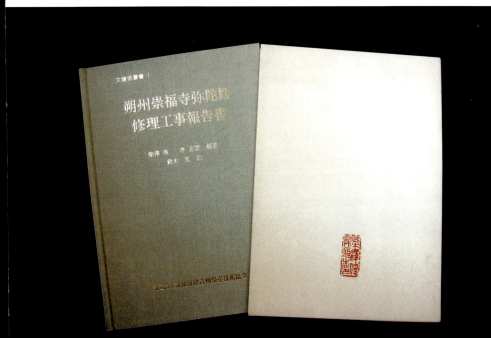

技术协会理事长太田博太郎先生题写了序言（图七一）。

大型古建筑的落架修缮是科学技术性很强的工程。柴泽俊刚刚结束了朔州崇福寺弥陀殿的落架修缮，又投身于太原晋祠圣母殿的解体大修。圣母殿的基址坐落在太原盆地西部边沿处，基岩坡势陡峻，殿后廊柱柱础与山岩相触，而前檐柱础与基岩相距8～12米。其间用淤土杂物填充，软硬不一。因此，负荷能量甚为悬殊。过去地下水位较高，地基变化不大，圣母殿虽微有偏侧沉陷，但基本上处于稳定状态。近年来，雨量大减，更重要的是私挖乱掘，从而扰乱了地下水系，水位紧剧下降4～6米，晋祠三泉（难老、鱼沼、善利）已基本枯竭。由于淤土收缩，杂物干涸，使殿基随之沉降，殿宇向东南倾斜。尤其是到了上世纪80年代末，柴泽俊多次勘测圣母殿建筑变形情况，发现殿身前半部柱础和柱子明显下沉，有的柱础覆盆已隐至台明地面以下，柱础和柱子的移位现象较为普遍，柱头高差悬殊尤甚，两层屋檐均向东南方向移位，梁架和斗栱结构都出现了扭曲和歪闪现象，檐墙裂缝，门窗倾斜。加固殿基，保护圣母殿刻不容缓（图七二、七三）。

山西省古建筑保护研究所、晋祠文物园林管理处会同化工部第二设计院，对圣母殿地基构造及变形情况进行了实地掘井勘探和物理力学分析。经过勘察、测绘、收集相关资料后，柴泽俊在《晋祠圣母殿修缮加固方案》中将圣母殿整个工程分为六大部分：1、基础加固。2、殿宇修缮。采用化学加固和铁活加固相互配合进行。3、抗震加固。运用檐墙墙体加设抗震剪刀斜撑，即在两山及后檐墙内加设剪刀斜撑，上端撑于阑额下柱头两侧，下端铺地栿与柱脚相触，前檐窗下槛墙内亦增设小型剪刀撑，使殿身四周稳定坚固，荷载力增强，没有倾侧之虑。这样的加固构件只能置于隐蔽之处，不得外露，更不得损害原有结构和构件。4、揭取加固壁画。5、保护塑像。6、其他工程事项。对其中地基、壁画和塑像又分别写出《圣母殿修缮工程基础加固设计书》、《圣母殿修缮工程壁画加固保护计划书》、《圣母殿修缮工程塑像保护设计书》。公元1992年11月，国家文物局专家组审核批准了修缮方案，并付诸实行。公元1993年，拨付专款

七二　公元 1989 年，柴泽俊（中）实地研究晋祠圣母殿木雕蟠
　　　龙的加固方法。

七三　公元 1989 年，柴泽俊（右三）再次勘察晋祠圣母殿。

七四　修缮后的晋祠圣母殿

五百四十万。此工程历时四年多，于公元1996年6月15日全部竣工
（图七四）。时任国家文物局局长的张文彬先生亲自参加圣母殿竣工
验收和剪彩仪式，他深有感触地讲道："古建筑的修缮保护必须坚持
'不改变文物原状的原则'。这也是多年来在实践过程中积累起来的
一条重要经验。如何坚持这条原则，把晋祠圣母殿'整旧如旧'，这
无疑是摆在古建维修人员面前的一项科技难题。太原晋祠圣母殿的
成功修缮在这方面交出了较为满意的答卷，我为此感到十分欣慰。
这样的修缮，不仅保护了珍贵的古建文物，积累了经验，取得了好
的效果，而且在古建筑保护科学技术方面如何'修旧如旧'，正像人
们所说的'像没有修过一样'，增长了知识、经验，培养了人才，掌
握了一定的主动权。"

（六）赴日本考察

公元1984年7月初，刚刚担任省古建所所长的柴泽俊接到随同
山西五台山佛事赴日考察团前往日本一个月的通知，主要是对日本

东京、京都、奈良三大城市的佛教寺庙进行考察与交流。

7月20日中午，他们一行十人从北京飞往日本东京，住进华裔财东孔令伟先生安排的法华宾馆。在东京受到日本佛教会及日本文化财总长铃木嘉吉等官员的热情接待，参观了东京的城市建设和一些佛教寺院。随后抵达京都。这里有著名的京都比睿山传法中心所传教的日本天台宗，在三十三间堂中观赏了近万尊观音像。他们还专程驱车前往京都西郊的岚山，拜访了日本朋友为纪念周恩来总理而立的诗碑。在离开京都赴奈良市的告别宴会上，柴泽俊讲述了中国古建筑的源流："中国的古建筑源远流长，至唐代发展到盛期。山西省的古建筑则是中国古建筑的代表，其中现存古建筑大部分是寺庙建筑。与日本寺庙的建筑相比，无论在建筑的脉络和佛法的因缘方面都是有着密切的关系。中国古建筑与日本古寺庙建筑在世界建筑史上同属于东方建筑体系。我们应该加强中日两国之间在佛教寺庙建筑与保护方面的交流和探讨。"此言得到宴会席间日本同仁的赞同。

奈良是日本佛教及寺庙建筑最为集中的城市。公元743~753年的十年间，鉴真六次东渡日本，其中有五次东渡失败，而且双目失明，最后一次才成功。他在奈良大寺建戒坛院，作为全国中心戒坛。又在附近建唐禅院，作为讲授戒律之所。鉴真与其弟子除了传授律学还讲授天台宗教理，校勘佛典，并被律宗奉为祖师。他把中国的寺院建筑技术、雕塑等介绍到日本，为中日佛教文化的发展做出了很大贡献。这次考察主要集中在东大寺和法隆寺。柴泽俊在参观中向陪同的日本佛寺主事提出想要观看法隆寺西边一座在战争年代因存放炸药而被焚毁的经堂残迹，并请日本古建筑专家介绍日本在夯土墙方面是如何加固的？这两点要求一提出，立即引起日本佛事方面的重视，感觉到这已不是一般性的参观游览，而是专业交流，便提出中日双方举行一场古建筑的交流座谈会。日本在古代建筑的保护和修缮中采取的方法是每当大修时对已损构件都要拆换并且更新，更换和更新率几乎达到1/3，看上去"修旧如新"。例如，一座相当于唐代的建筑，经过几次大修后，几乎找不到唐代那个时代的原构件，而是集历代修建技术为一体的"综合型"建筑了。这一点在理

七五　公元1984年7月，柴泽俊（左二）随山西五台山佛事赴日考
　　　察团在日本寺庙参观访问。

七六　日本古建筑专家稻垣荣三（左三）、铃木嘉吉（右三）与柴泽俊
　　　（中）在五台山考察时合影。

七七　公元1988年，柴泽俊（左二）与日本学者稻垣荣三（右四）、
　　　铃木嘉吉（左三）在山西太原学术交流后合影。

七八　公元1991年，柴泽俊（左）、铃木嘉吉（中）、罗哲文（右）
　　　在应县木塔考察时合影。

NARA NATIONAL CULTURAL PROPERTIES
RESEARCH INSTITUTE

2-9-1, Nijo-Cho, Nara-Shi, 630 Japan
Telephone Nara 34 3931 · Fax Nara 34 4041

山西省古建築保護研究所
所長　柴　泽俊先生

拝啓
　　去る８月１４日から２０日まで７日間にわたり、貴
研究所との共同研究のために貴省を訪問しました鈴木嘉
吉・濱島正士・田中淡・藤田盟児の４名が、滞在中お世
話になりましたことを御礼申し上げます。滞りなく所期
の目的が達成でき、新しい見聞を広げられたことは、一
重に貴研究所と先生の懇切な御配慮の賜であり、私達一
同心よりお礼申し上げる次第です。また御礼が遅れまし
たことをお詫び申し上げますとともに、先生の御健勝を
お祈り申し上げます。貴研究所の皆様をはじめ、関係諸
氏に私達の感謝の意を御伝達いただければ幸いです。

敬　具

１９９２年１０月７日
奈良国立文化財研究所

所長　鈴木嘉吉

七九　公元 1992 年 10 月，铃木嘉吉给柴泽俊的一封信。

念上与我国古代建筑大相径庭。对此，在奈良举行的这次古建筑座谈会上，柴泽俊以《如何保护古建筑》为题，阐述了中国古代建筑保护和修缮的原则与方法。他讲道："在进行修缮、保养、迁移时，必须遵守'不改变文物原状'的原则。所谓'原状'，就是古建筑原来的形状，即本来面目。包括建筑方位、规制布局、高差位置、布列方法、屋宇形制、材料质地、结构体系（如木构、砖石构、砖木构等）都是原状的内容。"他列举了保护、修缮中存在的几种情况：有的保存了主要建筑，但破坏了总体布局；有的在修缮古建筑的时候使用了现代材料（钢筋水泥），甚至使用在露明部分，从而改变了

古建筑的质地和结构体系；有的在早期建筑上涂了一层明亮的油漆，并绘了新颖的晚期彩画图案；有的没有复原根据或复原依据不准确而随意复原，大大损害了古建筑的时代特征和科学性，降低了文物的价值。这样的保护与修缮，效果适得其反。我们的理念是"修旧如旧"。柴泽俊的这些论点在座谈会上引起了很大反响，并获得了热烈的掌声。

此外，柴泽俊还进行了几场专题演讲。整个考察期间，双方都非常友好（图七五），特别是铃木嘉吉先生一直陪同。此后几年，铃木嘉吉先生多次来中国，与柴泽俊交谊甚深（图七六～七九）。

（七）意大利万国博览会

公元1991年10月，山西省文物局代表国家文物局赴意大利，参加在罗马举行的万国博览会，隆重推出《中国·山西文物精华展览》，并以此作为中意文化交流的一份厚礼。接到消息，柴泽俊异常兴奋。能把山西古建筑的浩繁与珍贵推向欧洲、推向世界，正是他们这一代人一生奋斗的梦想。这一夜他无法入眠，一组能够代表山西楼阁庙宇的微缩模型，随着思维的跳跃呈现在脑中。经过九个多月的日夜奋战，在他和全所能工巧匠的共同努力下，一组以20∶1缩度的古建筑木结构模型集千里之外的楼阁庙宇于一室。这是他们制作第二套用于教学和科研的木结构模型后的又一次精雕细作。

这次赴展由山西省副省长吴达才先生带队，柴泽俊等五人随行。先行到达的工作人员一同带去的展品有战国时期的青铜器、玉器以及省古建所制作的山西古代建筑模型。其中有佛光寺东大殿、南禅寺大殿、晋祠圣母殿、永乐宫三清殿与纯阳殿、解州关帝庙春秋楼等，分别代表唐、宋、元、明、清时期的经典建筑。当这批凝结着中华民族古人与今人精湛才艺的佳品如期展现在罗马万国博览会时，现场轰动，盛况空前，当地报纸相继报道，多家电台实况转播。

会展期间，举办方的代表带着他们一行游览了罗马著名的教堂和景点。罗马古建筑遗址中最有影响的是砖石结构的凯旋门。这也

八〇　柴泽俊在罗马古城前留影

八一　柴泽俊在罗马古建筑遗址前留影

八二　柴泽俊在罗马古代石拱门遗址前留影

是柴泽俊此行最感兴趣的看点。他是以保护和修缮古建筑的眼光，从感官和视觉效果上来考察的。罗马古建筑有其独特的保护与修缮风格。其主要表现在以下两个方面：一、保护和修缮不太注重与原样的酷似，而是在细部留有修缮痕迹。修缮痕迹必须细看才能看得出，从总体上保持和谐统一。二、"留白"明显。所谓"留白"，就是指修补增添的部分配件是白色的，故称"留白"。东、西方古建筑保护和修缮的风格迥异，但其标准和规范都符合国际间共同遵守的威尼斯宪章（图八〇～八二）。

他们一行又到了圣彼得教堂。这是世界上最宏伟的教堂。它的高度只比埃及金字塔少5米，教堂两翼半拱形的四排石柱使教堂显得格外壮观。教堂前是一块不小的广场，广场中心立着一巨大的石碑。进入教堂里面，到处都是精美的雕塑。最吸引人们的是米开朗基罗的《母爱》。这是他二十五岁时的作品。其内容是圣母玛丽亚抱着刚从十字架上取下的耶稣的尸体。她右手搂着耶稣上身，左手微伸，低首望着儿子，流露出慈爱与悲哀。凭着展厅朦胧的光线，整个雕塑显示出鲜活的生命力。在西斯廷教堂，他们又看到了米开朗基罗的两幅壁画《创世纪》与《最后的审判》。

柴泽俊似乎对这些雕塑和壁画有着更深切地感受。他的脑海中浮现出他所挚爱的山西彩塑、石窟雕像以及他在永乐宫曾经亲手迁建与修复的元代壁画。这些同属于世界艺术的珍品，展现了东、西方艺术特有的风格和魅力。

清晨，他们从罗马乘火车去佛罗伦萨，看到了意大利美丽的自然风光。在佛罗伦萨，他们参观了古老的圣玛丽亚教堂和佛罗伦萨大贵族梅第奇家的祭堂和陵墓。其间的四座大理石雕塑分别为《夜》、《昼》、《晨》、《暮》，都是米开朗基罗的作品（图八三、八四）。下午，他们乘汽车前往比萨。比萨古城的广场中心是一座大教堂，教堂前矗立着白色大理石圆柱形斜塔。这便是著名的比萨斜塔，高七层，顶上有一个钟楼，每层都围有廊柱。这座塔建成就倾斜了，而且倾斜角度很大。比这座斜塔建成年代约早一百年，在古老的东方，有一座木塔巍然屹立于三晋应州古城之中。这就是辽代所建的应县

八三　柴泽俊在意大利佛罗伦萨市政厅广场留影

八四　柴泽俊在米开朗基罗的雕塑作品前留影

木塔。此塔历经千年的风雨侵袭和多次的地震冲击，虽然略有倾闪和扭动，但仍基本完好。它与比萨斜塔在地球两侧东西相映，展示着各自特有的构造和风韵。柴泽俊此行惟一的遗憾就是未能把应县木塔的模型带来展示，否则那将是一次绝妙的双塔交映生辉的特殊经历。

意大利之行在柴泽俊心中留下了十分美好的印象。

（八）切除胆囊手术

孟子曰："天将降大任与斯人也，必先苦其心志，劳其筋骨，饿其体肤，空乏其身，行拂乱其所为，所以动心忍性，曾益其所不能。"从上世纪50年代末到60年代，胃溃疡一直折磨着柴泽俊的身心。他在公元1971年初作了胃切除手术，摘取了胃的四分之三。十年后，公元1982年柴泽俊又感到下腹部不适。那时，他正忙于对古建筑专业人才的培训和在全省范围内对古建筑进行勘察，因此没有过多注意病痛。腹部疼时就吃点止疼和消炎的药。有时疼痛发作正值讲课，实在顶不住了，就稍事休息一会儿，再忍着余痛把课讲完。有时是在翻山越岭的勘察途中，疼痛曾使其寸步难行。

这样一拖就是两年。由于工作繁忙和压力，一直没有详细检查。他自己一直以为还是剩余的胃引起的，仍旧按胃病治疗。这期间正赶上去日本访问，他常常是忍着巨痛与日本有关专业人员交流与研讨，接待的日本友人多次提出让他在东京检查，都被他谢绝了。他不愿因个人影响整个团队。回国后，他又忙于将古建所在短时间内建成名副其实的科研机构而忙碌……

柴泽俊身高1.84米，魁梧高大，体重达90多公斤。由于腹部近几年的疼痛折磨，他的体重减轻了一半，只有45公斤，有时连走路都在晃。太原市几家医院诊断不清，不得已住进山西肿瘤医院。在做B超检查时，才发现患有胆结石。胆囊手术在当时就算是比较大的手术了，风险也比较大，再加上古建所的全面工作还压在他的肩上，《中国风物志丛书》中的《山西风物志》也正在紧张的编撰之中，为此柴泽俊选择了保守治疗，消炎和用药排泄胆囊中的结石。为了工作的方便，他住进了附近的太原铁路医院，在用药物治疗的同时，还经常承受由于胆囊炎症带来的巨大疼痛。有时疼得在床上打滚，气力皆无，话都讲不出来。一旦不疼，有了精神，就坐在床边打开随身携带的皮箱，里面装满了为《山西风物志》撰编所需的资料、图片和手稿。抓住每次疼痛中的间隙，赶写书稿。只要不疼，他就能从白天写到晚上，一直到护士强迫熄灯才罢休。

保守治疗了一段时间仍不见好转，而且疼痛却日益加重。万不得已，柴泽俊只好住进了山西医学院第二附属医院，决定进行手术切除。此时《山西风物志》撰写未完，他担心万一手术意外，书稿将无法完成，于是一再请求大夫推迟手术时间，直到十六万字书稿写完才于次日被推进了手术室。此时的柴泽俊体力已消耗殆尽。当主刀大夫从手术室走出，摘下口罩后对焦急等候在手术室外的家属和单位同事们说："看，胆囊已经很薄，且已失去弹性，里面的结石约有三千七百多块泥沙状颗粒。一旦囊壁破裂，结石流出后散入体内各个部位，后果不堪设想。"在场的人都倒吸了一口冷气。面对这血淋淋的胆囊，人们无法想像这四年多来柴泽俊是用何等顽强的毅力在与病魔做斗争啊!

（九）"截留"之争

柴泽俊担任古建所所长期间，恰逢全国改革开放逐步深入的阶段。省古建所建立以来，一直是全额的财政拨付体制。这种"大锅饭"的体制，在很大程度上失去了活力。刚刚做完手术还躺在病床上的柴泽俊认真仔细地学习了中国共产党第十二届中央委员会第三次全体会议于1984年10月20日通过的《中共中央关于经济体制改革的决定》。他躺不住了，刀口的线刚拆完就匆匆回到了单位。

他组织领导班子成员和全所职工学习《中共中央关于经济体制改革的决定》，讨论了山西省科委下发的对科研机构实行财政预算差额补助的改革方案。方案中提出两种差额补助办法，要求有关机构选择。一是科研机构有偿服务，自收自支，国家财政实行差额补助，国家可收回部分资金。二是科研机构有偿服务，自收自支，差额补助部分之外国家不再收回，留存在上一级主管部门用于科研项目申请使用的补充，科研成果与工资绩效挂钩。他们选择了后者。通过一年的试行，省古建所职工的积极性大大地调动起来。从公元1985～1988年的四年中，他们以有偿服务方式使职工的收入及福利有了提高，科研领域的活力大大增强，新盖了办公大楼，解决了职工住房问题，以收入的25%的资金给大家增加了福利设施，如防盗门、书柜、写字台、食堂和澡堂等，另外还结余了五十多万元的自有资金。

在改革开放的初期，这一系列的改革也使一些人在观念与思想上还转不过来。尤其是打破了铁饭碗，效益与工资挂钩，优化组合，使少数人的利益受到冲击。特别是对有偿服务、自收自支的不理解和不知情，盲目误解为这些自有的收入就是截取和留用国家财政对古建筑科研的拨款。有人便向省文物局、文化厅、山西省纪委告状，又向国家文物局、国家纪检委告状。一时间，告状之声甚嚣尘上。接踵而来的就是省文物局、文化厅组织的检查小组进驻古建所。一查就是半年，从财物的来源、财物的备存和财物的去向，一笔笔地查，每张原始凭证都一页页过目。从公元1985年后半年起直到公元1990年，五年时间，七个检查组，每个检查组至少在古建所检查时间约三个月。这个所谓的"截留"问题，当时的有关媒体曾有报道。这样说吧，就连检察院也是几进几出。这该是怎样一种环境和压力啊！恰恰就在这样的情形下，柴泽俊完成了朔州崇福寺弥陀殿的大修，完成了组建像样的科研机构应具备的起码条件（仪器的购置、图书资料室的建立、模型实验室的设立和木材的储备），发表了数篇有价值的学术文章。这需要多么大的胸怀与魄力啊，真是"心底无私天地宽"。

随着改革、开放的深入，人们的思想观念也发生了巨大的变化。省古建所的广大职工逐步感受到了这几年科研体制改革给大家带来的实惠。人们理解和接受了在政策允许的范围内收取一定的设计、施工费用的做法。尤其是省古建所已经取得了甲级单位的设计和施工许可证，更有了政策与制度上的保证。"截留"之争终于有了公正的结论。当时的山西省委、省政府以及省纪检委的主要领导大多都是从"文化大革命"及历次运动的漩涡中过来的。他们对告状与被告者都有更深的感受。正是他们在调查和了解了柴泽俊对古建事业作出的贡献后，给予了特别的支持和保护，才使他度过了人生历程的又一次磨难。

（一〇）合编《寺观壁画》

公元1987年初，柴泽俊撰文《山西寺观壁画》，随后刊载于《美术研究》。此文在美术史界的专家学者中间引起了关注。不久，他意外地接到中央美术学院美术史系主任金维诺教授的邀请信函，诚邀他一道合著《中国美术全集·绘画编·寺观壁画》一书。《中国美术全集》是上世纪国内编辑出版的第一套大型系列美术图集。该书的"古代部分"就达六十册，分为绘画编、雕塑编、工艺美术编、建筑艺术编和书法篆刻编。有幸参加这项为建国四十周年献礼的大型出版工程，同时又能与国内美术史界的著名专家共同工作，柴泽俊既感到荣幸，也体会到了肩上的责任。

金维诺先生为这本书撰写了《中国古代寺观壁画》一文，并用作概论。柴泽俊在该书中专门撰写了《山西古代寺观壁画》一文和有关山西部分的图版说明。他在《山西古代寺观壁画》一文中详细论述了山西古代寺观壁画的分布状况、创作年代、内容画法和现存面积，同时精辟地概述了历代壁画的发展、兴盛和衰落的过程，并选择典型壁画对其绘画技巧和风格进行了深入的研究。最为难得的是该文仔细地研究了壁质构造和作画方法，从而开拓出了中国古代壁画研究新的方向。该书于公元1988年3月由文物出版社出版（图八五）。

此后不久，柴泽俊又收到浙江美术学院教授、中国雕塑史专业硕士、博士研究生导师史岩先生的邀请，合著了《中国美术全集·雕

八五　柴泽俊与金维诺、史岩合著的《中国美术全集·绘画编·寺观
　　　壁画》（右）与《中国美术全集·雕塑编·五代宋雕塑》（左）。

塑编·五代宋雕塑》一书。史先生在此书中撰写了《五代两宋雕塑
概况》。柴泽俊介绍了山西五代、两宋时期的雕塑状况，并撰写了有
关的图版说明。该书于公元 1988 年 6 月由人民美术出版社出版。

（一）　越级晋升

　　公元 1987 年 3 月，全国性的职称评审工作在各地开展。柴泽俊
自公元 1983 年职称评定为工程师后，数年来一直未动。根据职称评
审文件规定，职称提升的顺序应为工程师（中级）、高级工程师（副
高）、研究员（正高）。不过，文件中又特别指出对国家有特殊贡献
的科技工作者可直接评定为研究员。柴泽俊据此直接申请了古建筑
专业研究员。

　　审批程序是由中级职称评审委员会依据本人申报，按照政策条件审议通过后，推荐到高级职称评审委员会评审通过。省文物局中级职称评审委员会根据柴泽俊本人的申报，展开了评议。评审会出现了异议。长期以来，人们的惯性思维是"循规蹈矩"和"逐级提升"的思维模式。评审会本着对评审工作认真负责的指导思想，对此组成专人小组，听取外界人士的态度。专人小组一方面向时任山西省委宣传部长的张维庆汇报，另一方面赴北京向国家文物局、故宫博物院资深人士听取意见。张维庆部长的原则意见是"按政策规定评审，够条件就应评审通过。我们要培养我们山西自己的人才，不要压制。"专人小组在北京分别听取了三位人士的意见。他们是故宫博物院副院长单士元先生、故宫博物院总工程师于倬云先生、国家文物局古建专家组组长罗哲文先生。有趣的是，当专人小组在不同时间、地点分别听取这三位先生的意见时，得到的回答几乎如出一辙。在单老家中，来人递上柴泽俊的报批资料，并说明来意。单老看罢，惊异地问："我以为柴泽俊已经是研究员了。他所做的工作和文章我都知道，对我国古建筑的发掘和保护是有贡献的。"在于老家中，来人把柴泽俊的报批资料递上。于老摆手道："我不看这些资料，他本人的文章和工程实物我都看过，我很赞赏。没想到现在还是个中级职称，早应该是研究员了。"罗老同样没看来人递上的资料，只是问道："为什么他现在才是个中级职称？"

　　与此同时，在山西省文物局副局长张额先生的办公室，张额先生递给柴泽俊一杯水，用介休口音说道："受中级评审委员会委托，想向你谈谈你的职称问题。是不是先评高级工程师以后再评研究员？"柴泽俊回答："我的申请是根据评审条款为依据而申报的。撇开个人因素，我们山西古建筑专业，如果没有我们自己的研究员，那么以后山西古建筑保护与修缮的设计与施工主持，就必须请国家文物局签字，就得每一事每一项都需要国家文物局来代行职责。那将会影响山西古建事业的发展。""我现在正与金维诺、史岩二老合著出版《中国美术全集》的《寺观壁画》和《五代宋雕塑》两个分册，人家二老怎么看咱们山西。"张额先生一拍桌子道："好，你把著作拿来，我在会上去讲。"

公元1987年10月的一天，柴泽俊把《中国美术全集·绘画编·寺观壁画》和《中国美术全集·雕塑编·五代宋雕塑》两部专著的样本放在了张颔先生的案头。10月末，在中级职称评审委员会上，张颔先生指着手边的两部专著讲道："大家都知道金维诺、金老，史岩、史老吧。中央美术学院和浙江美术学院有多少教授级专家、学者把不能与这二老共同合著引为憾事。这次合著不仅是柴泽俊个人，而是我们山西古建筑专业的幸事，也是对柴泽俊个人成就的肯定。如果我们仍以高级工程师（副高）的职称去面对金老和史老的话，我们将会把我们自己放在什么地位。"此时，专人小组又把赴京听取的意见向评审会作了汇报。于是，会议全体通过了柴泽俊的申请，并上报高级职称评审委员会。公元1988年4月，山西省文物系列高级职称评审委员会正式通过了柴泽俊越级晋升为古建筑专业研究员。

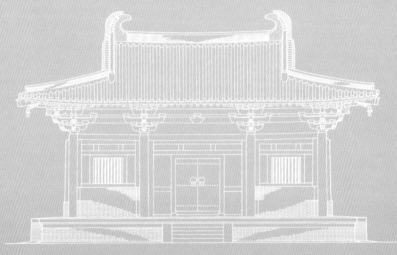
五台南禅寺唐建大殿

五　重任在肩

（公元 1996～2004 年）

（一）调任省文物局总工程师

公元1996年3月，山西省文物局党组决定调任柴泽俊为山西省文物局总工程师。此时，他已62岁。柴泽俊担任总工程师以后，全省古建筑保护项目的审核与勘察任务就落在了他的身上。

第一个接受审核的维修项目是太原市文物局永祚寺文物保护所上报的《关于宣文塔倾斜修复的报告》。柴泽俊接到报告后，便很快进入了勘察、测绘等实地考察阶段。"宣文塔"是古称，俗称"双塔"。双塔脚下的寺庙称为"永祚寺"，也称"双塔寺"。它坐落在太原市东南郝庄村的南山脚下。两座塔南北对峙，直指云天，历来就是太原的标志。永祚寺是一座建筑别致的古刹，创建于明万历三十六年（公元1608年）。寺庙坐南朝北，寺中正面是两层龛洞，下为大雄宝殿，上为三圣阁，寺院内有牡丹园和书法长廊。双塔位于寺院的东南角，并肩而立，端庄厚重。每座均为十三层，高约50余米，塔身淡黄素雅，挑檐凌空欲飞。两塔建年不一，一旧（南塔）一新（北塔），新塔至今也有近四百年的历史。两塔相距约50米，北塔高度稍低于南塔。塔表饰以精美的砖雕，自下而上，由繁至简。据《太原府志》、《阳曲县志》记载："永祚寺……旧塔微侧，更建新塔。"此记表明建新塔之时旧塔已倾斜。经过历年战争，旧塔身中弹多发，东南腰部大片残损脱落。近几年已修补完好，但塔身倾斜一直未能控制与加固。

柴泽俊多次亲临双塔，指导技术人员对旧塔侧斜数据、塔身腰部曲折和砖层塔檐被压损等情况进行仔细分析，最终确认属于建成后的变形。有人提出此塔倾斜是为了遏制西北向风力而有意所为，但测量分析塔腰折弯度已达2.86米，表明已超过安全极限，随时都有倾塌之危。对此，柴泽俊深感忧虑。如果这座太原的象征一旦倾毁，作为文物工作者，何颜面对三百万晋阳儿女。他立即组织科学技术人员和施工人员研究，寻找纠正侧斜的技术方法。有人向市政

八六　柴泽俊（中）在太原双塔现场研究指导

府领导推荐对纠正斜塔有研究的杭州人士曹世忠先生。不久，塔身得以校正，但出现两大问题：一是塔身本身出现劈裂，塔体通身结构出现松散；二是塔基不稳。无奈，柴泽俊推荐山西省煤炭设计院总工程师王步云先生解决塔基不稳问题，他自己承担解决塔身自身加固问题。王先生欣然应允。他用现代建筑技术加固了塔基，解决了因塔基不稳带来的塔身左右摇摆问题。在面对塔身裂缝、砖结构出现松散的问题时，柴泽俊先将塔身裂缝清洗，灌浆加固，铁活加固，檐头照旧雕刻、补砌和粘结牢实，再用铆杆加固。又于每层下部用双向大螺栓双十字交叉穿透砖塔，并与两面铁板穿透固定。从剖面看，形成内圆大井字型，隐在每层顶部的砖体中。这样整个塔身就像被钢板和双十字钢筋包裹一样，解决了塔身的松散、劈裂问题。从塔外观和塔内每层地面砖体上看不到任何施工的痕迹。施工之精巧，让业内人士叹为观止。公元1997年，加固工程结束，校正旧塔（南塔）侧斜度2米。时至今日，双塔的巍峨雄姿依然如故（图八六、八七）。

八七　校正维修后的太原双塔

八八 修缮后的代县边靖楼雄姿

正当双塔还在勘察、测绘和寻找方案的时候，又接到由山西代县上报的《关于边靖楼保护的请示报告》。该楼面临的残损是主梁断裂和倾斜，台基东面部分已塌毁，需揭顶大修。此楼位于代县城内中央，亦名谯楼，俗称鼓楼，于明洪武七年（公元1374年）建，后因火灾毁坏，公元1476年重建，清代几次补茸。楼由台基和三层四檐歇山顶楼身构成，全高35.69米，是山西现存楼阁式木结构建筑中的巨构之一。台基当心南北向筑城门洞一孔，高7米，宽5米，城内外行人、车马由此通行。楼身三层屋檐下各悬一块巨匾，即"声闻四达"、"雁门第一楼"和"威镇三关"。公元1947年秋，叶剑英元帅登楼眺望，曾赋诗一首："威镇三关壮代州，声闻四达雁门楼；欲穷千里登云眺，紫塞滹沱固卧牛。"看到保护修缮的请示报告，柴泽俊又赶赴代县，察看残况，并制订出施工方案。台基部分灌浆重砌，揭楼顶换梁，最上两层落架大修，校正楼身倾斜。他在施工期间又多次赶赴现场，察看工程进展，现场解决了许多技术问题。两年半后，边靖楼竣工（图八八）。

公元1996年，临汾地区报来《关于广胜下寺大雄宝殿保护修缮请示报告》。早在十年前，柴泽俊就已经主持完成了勘察与测绘工作，并撰写了《广胜下寺后大殿（大雄宝殿）修缮工程说明书》上报国家文物局。他担任总工程师以后，一直挂念此事，以期尽快开工。此殿存在的问题是始建至今已近七百年历史，月台、台明皆残损，檐柱高低不等，后檐柱头沉陷约40厘米，后檐斗栱折损大半。随着柱头高差悬殊，梁架也随之向后向西倾闪，瓦顶漏雨，后檐墙和东山墙外层土坯脱落，东山和后檐柱已腐朽和敞露在外。据此情况，修缮工程以揭顶维修为宜。后檐柱子通身糟朽者复制，下部糟朽者墩接，拨正梁架，构件缺失者补齐（包括殿顶吻 脊饰、檐头沟滴），墙体脱落修补，并在殿后修筑排水渠，将月台、月明复原。更为重要的是要保护殿内塑像及数平方米的壁画安全。这些塑像和壁画均为元代遗物，具有较高的历史和艺术价值。因此，在开工之际，柴泽俊亲自赶到现场指挥，采取就地保护，先用钢材、木材支搭保护框架，上部留有斜度，便于排水，架顶及四周架木板防护，外

八九　洪洞广胜寺下寺大雄宝殿全景

九○　洪洞广胜寺下寺大雄宝殿内塑像

九一　洪洞广胜寺下寺大雄宝殿内壁画

铺席子、油毡、棚布。防雨，防风，防砸压，更关键的是要保持棚内干燥与通风。两年后，该项工程顺利竣工（图八九～九一）。

柴泽俊担任总工程师以后，除了指导完成上述保护维修工程，还先后亲自指导完成了晋城青莲寺和古青莲寺、万荣东岳庙、长治城隍庙、解州春秋楼、恒山寺庙建筑群、临汾广运殿（尧庙）、丁村民居16号院、高平崇明寺中殿等古建筑保护工程。"沧海横流方显出英雄本色"。一个六十多岁的老人，尽管他的工作岗位和职务有了调整变化，但他仍然一门心思地扑在山西的古建筑事业上，忠实地履行了自己的职责。他的敬业精神，足以使一些无作为和不作为者汗颜。

（二）平遥城入选世界文化遗产名录

公元1997年12月2日18时，参加第21届世界文化遗产会议的各国代表聚集于意大利的那不勒斯会场。英国亨利·克莱尔向大会报告了中国三个申请项目，其中之一就是"平遥古城是中国汉民族城市在明、清时期的杰出范例。平遥城保存了其所有特征，而且在中国历史的发展中为人类展开了一幅非同寻常的文化、社会及宗教发展的完整画卷……"从此时起，山西平遥城正式入选世界文化遗产名录。目睹平遥古城的荣耀，人们不禁要想到从上世纪70年代至90年代末，围绕平遥城的保护而曾经有过的四次不同寻常的经历……

第一次为"塌后余生"。平遥县城有古城四大街、八小街、七十二蚰蜒巷、东城隍、西县衙、南观音、北观音、左文庙、右武庙、东道观、西佛寺，展示出中国明、清县城的礼法制度和儒、佛、道三教合一的独特魅力，堪称中国古代县城的标本。特别是明初扩建的城墙，以其三千垛口和七十二堞楼体现了孔子三千弟子七十二贤人的传统文化内涵。不仅如此，平遥也是山西省的文物大县，现已公布为全国重点文物保护单位的三处、省级重点文物保护单位的六处、县级文物保护单位的九十处、具有一定文物价值尚未公布保护单位的还有二百一十一处。如此多的文物分布在一个县城内，这在全国也是不多见的。上世纪90年代中期，联合国人居中心专家杰伊·穆尔和斯托潘诺两次考察后盛赞平遥是"世界上为数不多的人类文明的瑰宝"。公元1977年8月，一场特大暴雨形成的洪水使平遥城墙发生大面积坍塌，北边城墙大部分"坐"了下来，东边城门以北整个塌了下来，城门以南也有少量塌陷，南面的城墙塌了西半部。当时，国家经济尚未复苏，要国家拿几百万元钱来修古城墙不太可能，但又不能眼睁睁地看着城墙毁失。柴泽俊和当时还是省文管会副主任的李正云先生以及省古建所的张丑良先生在三年时间内多次上北京国家文物局、山西省政府争取资金，以便重修已坍塌的城墙。这期间，平遥文管所所长李有华同志尽心尽责，为防止有人偷拿城墙上的砖，白天、夜晚带人在坍塌的城墙附近巡逻。终于有了第一笔资金。柴泽俊每周都去平遥现场检查，包括城墙用什么样的砖，地上铺什么样的字都不能随便，终于使平遥古城获得新生。

第二次为"刀下留城"。上世纪80年代，全国各地都在大搞城市建设，平遥在县城规划中准备开辟东、西、南、北四条大街，为此城墙需要相应拆出八个豁口，城西门内的居民已开始拆迁。李有华同志知道后，躺在城门道里不让拆，一边硬挡，一边上报省文物局和古建所。当柴泽俊等人赶赴现场时，北门也在开始拆毁了。目睹此景，他心疼得直跺脚。那时城墙还不是全国文物保护单位，城市规划与文物单位是两个不相联系的系统。修复城墙的工程尚未完工，这里的城墙却人为拆毁。更重要的是推土机一开，几百年来祖先的文化遗产就要寿终正寝了。柴泽俊从平遥直奔省委书记王谦的办公室。他向王书记讲了古城的现状与保护价值。王谦书记听后非常重视，立即指示有关部门"平遥古城只能保，不能拆，谁拆追究谁"。随后不到一周，王书记还特邀柴泽俊一道，专门去了平遥……平遥古城墙终于保住了。

第三次为争取全国重点文物保护单位。有了"塌后余生"与"刀下留城"的两次努力，才有了公元1983年平遥古城被国务院公布为国家历史文化名城。此后，又相继修复了城墙、县衙和城隍庙等。

九二　　公元1982年,柴泽俊向日本古代建筑学者田中淡
　　　　先生讲述古建筑勘测及保护方法。

第四次为申请世界文化遗产成功。公元1995年，平遥古城申报世界遗产工作领导小组成立，时任省古建所所长的柴泽俊担任副组长。他在一年中做了大量的工作，同时反复向省领导讲明存在的问题："我们山西有这么多好的东西，为什么遗产申报却这么难？例如，云冈石窟确实有气魄，但是远远进不了世界遗产名录，关键问题是环境。国外入选世界遗产名录的地方环境都清静典雅，我们平遥古城到处都是现代人吃的、住的、生活的痕迹。这方面确实不够好，要加强环境的治理。"他担任文物局总工程师后，更把申遗问题提到议事日程上。按照联合国教科文组织世界遗产委员会的惯例，申报最后阶段需一名非申报国的专家亲临审核，并出具评估报告。这份评估报告很重要，是申遗成功与否的关键。平遥申遗的审核工作交给了日本学者田中淡先生来完成。田中淡先生是日本京都大学的教授，上世纪80年代曾师从南京大学的郭湖生教授，研修中国古代建筑史。柴泽俊与郭湖生教授是多年的好友，当时郭湖生教授就推荐田中淡来找柴泽俊。田中淡汉语不错，柴泽俊给他讲过课，因此一直保持师生之谊（图九二）。公元1997年2月23日，田中淡先生到了平遥。此前，他也多次到过平遥的镇国寺、双林寺。受省政府、省建委的委托，柴泽俊在田中淡结束考察的当天赶到平遥，并同车返回省城太原。途中，他俩相互交换了对环境的看法。田中淡先生很谦虚地就报告如何写征求柴泽俊的意见，柴泽俊也谈了自己的几点看法。分别时，柴泽俊对他说："就听你的消息了！"他当即回答："应该没有什么问题。"返回日本后，他写下了"完全同意"的鉴定报告，呈交世界遗产委员会总部。

正是在国内外同仁的共同努力下，平遥古城得以完整保存，进而享誉中华，走向世界。

（三）赴台湾验收失盗国宝

公元1993年12月25日晚，山西灵石县资寿寺三大士殿十八尊罗汉塑像被歹徒从颈部锯断，身首分离。头像盗运至广州后，漂泊

九三　公元1993年12月25日深夜，被歹徒锯掉头部的十八罗汉塑像。

海外。消息传出，全国震惊！罪犯虽已于公元1995年2月10日落网，但流失海外的文物却难以追回。

柴泽俊在听到失盗消息的当天，便匆匆赶赴灵石，亲眼目睹了罗汉身首异处的惨状，如焚肺腑（图九三）。资寿寺位于灵石县城东面9公里的苏溪村，坐北向南，依山而建。该寺创建于唐懿宗咸通十一年（公元870年），现存寺内的建筑、塑像、壁画和石刻等却几乎都是明代遗作。寺内各殿塑像俱全，其中三大士殿内的观音、文殊、普贤、金刚、夜叉像，尤其是十八罗汉像塑技颇佳，衣纹流畅，躯体肥瘦适度，目光随身姿而转动，表现出虔心、直率的感情，具有很高的艺术价值，是我国明代彩塑中的珍品。

公元1995年秋，洛阳龙门石窟文物研究所召开国际艺术研讨会，台湾震旦集团董事长陈永泰先生和震旦文教基金会董事长吴棠海先生应邀参加。会上传言，山西灵石资寿寺十八罗汉头像被盗后走私海外。陈先生闻之震惊，深感惋惜，当即与吴棠海先生表示：尽快打听十八罗汉头像下落，出资搜集，奉还资寿寺。

陈永泰先生是台湾百家富翁之一，也是一位文物爱好者和收藏家，从洛阳返台后便托挚友四方打探，但半年后仍毫无音讯。公元

1996年春节，听说台湾岛内有一批来自大陆的彩塑头像，陈先生心中大喜，立即拿出《中国佛寺彩塑》一书资寿寺罗汉照片，逐个进行仔细辨别，最后确认其中十一尊为资寿寺罗汉头像无疑。罗汉头像飘洋过海，几经易手，虽然身价已经不知翻了多少倍，但是陈先生还是毅然花费巨资买下了这十一尊国宝。随后，他又从欧洲收买到五尊，还有两尊小罗汉头像下落不明。这一年，陈先生在上海投资经营，遂向上海台办表示愿无偿将搜集到的十六尊罗汉头像物归原主。上海台办立即与山西取得联系，山西有关方面颇感庆幸，企盼罗汉头像早日回归故里。然而，还有两尊小罗汉头像未能收回，陈先生深感功德尚不圆满，于是再请挚友探访，终于在公元1997年5月从日本访得两尊罗汉头像下落，又斥巨资予以收回。至此，漂泊海外四年之久的十八罗汉头像完整地回到陈先生手中。一切皆备，完璧归赵，只欠东风。

公元1997年6月，陈永泰先生正式向台湾海基会表达了奉还灵石资寿寺罗汉头像的意愿，并委托海基会协助办理有关事宜。同年7月，中国海协会致函海基会，从中斡旋。但是，当时台湾曾有规定：百年以上的历史文物不准出境。资寿寺罗汉头像已近五百年历史，当然属于限定范围之列。台湾海基会基于两岸共同保护中华民族文物的精神，尊重委托人意愿，多次磋商后于公元1998年底核定同意办理。公元1999年3月初，经过震旦集团与上海台办商定：由台办副主任郭戈同志带队，随行有三名台办人员，山西方面委托山西省文物局总工程师柴泽俊和灵石县县长耿彦波组成接收团赴台接受罗汉头像回归。

柴泽俊深感此行责任重于泰山。他们一行六人于3月17日早乘机赴香港，经新华社香港分社转办手续，如期赴台。18日至24日，震旦集团安排接收团全体成员在台中、台南、台湾故宫博物院及阿里山等地参观，但一直未提交接事宜。直到24日下午在返回台北途中，他们才被告知：明天上午9时30分，在海基会大厦举行罗汉头像交接仪式。这天晚上，柴泽俊无法入睡，十八尊罗汉像在眼前一尊尊浮现……3月25日上午9时10分，各方人士聚集海基大厦。按照事前拟好的程序，交接仪式前先由柴泽俊和上海台办一名处长对罗汉头像逐一检验鉴定。柴泽俊强压心中的激动，轻轻地靠近罗汉像，屏住呼吸，审视着每尊罗汉的面相、神姿及整个头颅，并用高倍放大镜仔细查看盗窃时的锯口截面和折损时的木骨毛茬，哪怕一个微小的细部也不放过。经过反复检验后，柴泽俊向等候的郭戈团长、大陆接收团成员以及捐赠方人士报告："十八罗汉头像全是资寿寺原作，虽几经辗转但保存完好，陈永泰先生之盛举令人钦佩。"这时代表团全体成员才松了一口气，显露出喜悦和感激之情（图九四、九五）。10时许，交接仪式开始。各方讲话完毕后，双方和见证人在交接文件上签字，绕罗汉头像一周，仪式结束。

进入采访阶段，记者们分别向郭戈和柴泽俊提问。记者们向柴泽俊提出五个方面的问题。

问："这些罗汉头像属于哪一级文物？其价值如何？它在中华民族雕塑史上处于什么地位？"

九四　柴泽俊（右二）正在台北市海基大厦考察罗汉头像

九五　柴泽俊正用高倍放大镜鉴别罗汉头像

答："寺庙文物有全国重点文物保护单位和省级重点文物保护单位。各寺庙内的塑像、壁画、琉璃、石刻等，均属于其中的组成部分，不单独制定级别。山西寺庙文物甚多，随着寺庙而保存下来的历代彩塑遍布全省各地，数以万计，其中明代彩塑数千尊。灵石资寿寺是全国重点文物保护单位，十八罗汉彩塑是其明代彩塑中的佳作之一。它历经近五百年风尘岁月，未经后人重装仍完好无损，弥足珍贵。正由于此，这些塑像博得广大观者的赞誉，同时也引起文物盗贼的垂涎，冒险盗窃，违法走私，酿成了这场罗汉头辗转海外的劫难。"

问："十八罗汉头像回归大陆后如何修复？修复后的罗汉能和原来一样吗？"

答："罗汉身躯、头首皆是原物，又有损坏前的照片为据，归安复原应该说不是什么难题。各级文物保护单位都有较系统的科学档案资料，按照档案中不同角度的原作照片，实地研究，逐一归位，然后加以固定，修补锯口缝隙，作旧复原。四十多年来我一直从事寺庙文物的考察研究和修缮保护，加固和修复过的塑像、壁画近百处之多。罗汉头像回归后的安装复原毫无疑虑，请诸位女士们、先生们放心。数月之后，十八罗汉原状再现，请诸位来山西灵石资寿寺观光检验。"

问："这些罗汉头像遭受劫难奉还大陆后，修复归安难免会有伤痕。价值有无损伤？损伤多少？与原作相比它的价值该如何评价呢？"

答："十八罗汉造像，躯体头首皆是原物，回归后接补复原，历史时代和艺术造型依然如旧。它的价值不会受到影响，反而因遭此劫难流落海外六年，全国文物界、美术界和许多雕塑爱好者对此极度关切，两岸同胞和海外侨胞都希望早日回归修复，这无疑会对灵石资寿寺十八罗汉加倍珍爱和重视。劫后余生，历经艰险，还原如故，再度开光。其价值和知名度恐怕还会比原来更高。"

问："灵石资寿寺十八罗汉头像奉还大陆，必然会引起人们的联想，台湾现存之其他'中华古物'是不是会由此而受到影响呢？"

答："用台湾的习惯语来讲，这是个案。所谓个案，即个别的特殊的例子。资寿寺罗汉是被一些利欲熏心的文物盗犯窃取的文物，虽转卖海外，但身首俱存，奉还故土完全可以复原。中华儿女都希望祖国古代文物完好保存，无论是出于对宗教的信仰或对历史文物的珍爱，都不愿意看到资寿寺罗汉身首异处的情景。陈永泰先生正是出于这种心情和意愿才四处寻物，重金收购，予以捐赠奉还的。它与台湾现存的其他'中华古物'没有必然的联系。"

最后又有记者问："你们一行来台湾已八九天了，通过接触，你感觉是大陆好，还是台湾好。"这是一个敏感性话题，柴泽俊已听出这个记者的弦外之音，便胸有成竹地笑答道："中国有句民俗'妈不嫌儿丑，子不嫌母贫'。生活在大陆的人认为大陆好，生长在台湾的人认为台湾好。大陆和台湾都是中国领土，一样好！"顿时，掌声在接待大厅响起！这句有着外交风度的语言一下拉近了海峡两岸同胞的心。

回答完记者提问，柴泽俊快步向正在包装托运的集装箱处走去。他没有被喜悦冲昏头脑，心中依然惦记着罗汉头像的安全。他看了箱子的木板厚度、连接方法和贴近罗汉头像部位的棉软裹层，都很满意。惟颈下锯断处垫层欠足，便立即建议工作人员补充垫层，直至软硬适度。十八尊罗汉头像分装在三个木制集装箱内，上下两层，每层三尊，包裹严密，定位存放，四周空隙填塞牢实，然后钉固封存。26日下午，接收团全体成员携带海峡两岸人民的一往深情，与陈永泰先生依依惜别，护卫着盛装罗汉头像的集装箱，乘机离台，返回大陆。他们一行经港在沪作短暂停留。上海市台办与山西方面于29日下午举行交接仪式。当晚，柴泽俊和灵石县县长耿彦波陪伴着劫后余生的罗汉头像飞回太原。3月30日，灵石县资寿寺锣鼓喧天，彩旗飘扬，各界人士和附近的群众近万人聚集于寺内外，迎接罗汉头像回归故里。

同年4月，柴泽俊先后三次赴资寿寺，实地研究制定了罗汉头像安装复原技术方案和工艺操作程序（图九六）。经过几个月的努力，十八罗汉塑像已全部恢复了原貌（图九七）。值得一提的是，同年9月陈永泰先生应邀偕夫人亲赴灵石县资寿寺，高兴地观赏了修

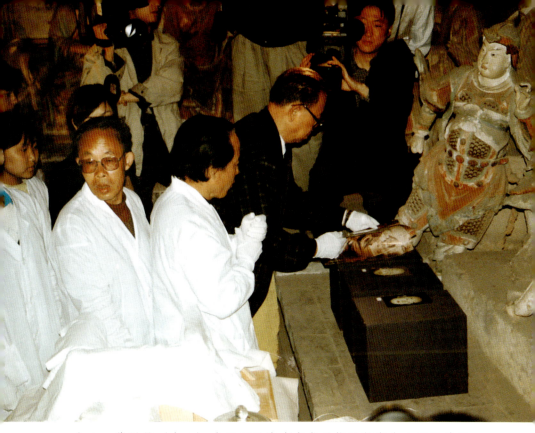

九六　柴泽俊（右二）在灵石县资寿寺亲手指导归安十八罗汉头像

九七　安装修复后的灵石县资寿寺十八罗汉塑像

九八　柴泽俊（左一）在台北市发表学术演讲

九九　柴泽俊（左一）与海峡两岸三晋文化协会理事长
　　　丁一倪先生（左二）合影

复后的罗汉像。时任山西省文物局局长的郭士星接待了陈永泰先生，并赠送文物图书以表纪念。此后不久，柴泽俊又接到了位于台北市的海峡两岸学术文化交流协会的邀请，参加了"海峡两岸三晋文化研习营专业研讨会"，在会上作了学术演讲，并与该协会理事长丁一倪先生合影（图九八、九九）。

（四）申报全国重点文物保护单位

公元1999年5月的一天，柴泽俊忽然接到国家文物局通知：要求在一周内上报省级文物保护单位名单，符合条件者将升级为全国重点文物保护单位。这是多么好的机会，将会把山西文物更多地推向全国。只是时间太紧，工作量太大了。他迅速向省文物局党组提议组成专家组。当天，以他为主的专家评估组便成立了。

他凭着多年的实地勘察和对全省文物的熟悉，在省保单位符合条件的一百零五处中优选了八十多处地上文物保护单位，按数量分五天评审。这样每天将评审十七处，工作量是相当大的。对于年轻一些的人来说或许可以承受，而他此时已65岁，无疑是体力的又一次透支，但他别无选择。

根据国家文物局要求，宋、金以前（含这一时期，下同）的地上文物在全国现存的已为数不多，其历史价值无可置疑，有一处可直接上报一处，不再进行专家评议。分散在山西各地的宋、金以前的地上文物大多数已由国家逐期公布为全国重点文物保护单位。为了避免遗漏，这次国家文物局又要求各省重新梳理一遍。因时间仓促，与会人员都没有思想准备。下去勘察已来不及，报不上去又会失去良机，于是大家不约而同地将目光投向柴泽俊。此时的柴泽俊深知机不可失，本着对山西古建文物的责任，便向大家说："这样吧，时间紧迫，凭着这些年来实地勘察的记录，我给大家讲，如果大家有补充或其他意见现场提，记录员现场记，说到哪就记到哪，然后把记录稿整理上报。咱们抢时间。"大家对此表示一致同意。

柴泽俊拿出以往勘察记录的资料卡片以及拍下的图片资料，首先将宋、金以前的山西地上文物尚未列入全国重点文物保护单位的十几处一一列举。他讲到：太谷安禅寺、祁县兴梵寺、榆社福禅寺、崇圣寺、陵川二贤庙、阳城开福寺、潞城东邑龙王庙、泌县普照寺、晋城周村岱庙等遗迹，有的地处僻远，有的残损严重，有的始建年代不详。它们在勘察时往往被忽略。当听到他讲得这么详细而准确，大家无不为之颚然。他们中有的去过实地，有的仅是耳闻，听后都如亲临现场一般。

接着，柴泽俊开始将山西现存的元、明以后的地上文物，按其价值一一叙述：

"窦大夫祠位于太原市尖草坪区上兰村西北。此人姓窦名犨，字鸣犊，春秋时期晋国大夫，因兴修水利有功于民，后人遂立祠于烈石山下，故又名烈石神祠。其创建年代不详，山门、献亭、大殿均好，元至正三年（公元1343年）重修。两侧钟鼓楼、厢房、窑洞、戏台均为清代建筑。全祠占地2115平方米。大殿面阔三间悬山顶，明间柱勾连搭歇山顶献亭一间。献亭四角立柱，外施双昂斗栱，内饰八角藻井。厢房原为窑洞，现改为木结构硬山顶式建筑，殿内新塑窦大夫像，存有元碑一通、明碑三通和清碑十五通。该祠既保留元代建筑风格，也将明、清建筑建于一祠。更重要的是为春秋时期窦大夫而立，表明凡是为民众做好事者，必将立堂建祠，树碑立传，流芳百世。"

"龙山道教石窟。龙山是吕梁山的支脉，西接天龙山。此窟位于太原西南约20公里处，开凿于元太宗六年（公元1234年）。现存第四、五两窟，极富宋人手法，似为元代以前的两窟造像。第一、二、三、六、七窟，皆为元初风格。第八窟规模甚小，石雕躯体外敷以泥塑，为后人补造，有三皇、关羽等像。八个窟现存道教造像七十八尊。我国石窟造像多为佛教题材，而龙山石窟为国内仅存的元代道教石窟群，内容全为道府诸神。就目前而言，尚属海内外孤例，公元1957年公布为省级第一批重点文物保护单位。"

"天龙山石窟位于太原市西南，与龙山相接，分东西两峰，在两峰峭壁上开凿了二十五个石窟，有大小石佛造像五百尊，还有浮雕、藻井和线刻造像一千一百四十四幅。其中包含东魏、北齐以及隋、唐四个朝代近五个世纪的作品。每个朝代都有一窟为其代表,东魏、北齐造像如第二窟和第十窟中的佛像及胁侍菩萨像,隋朝造像如第八窟,唐代造像如西峰第九窟。"

"永祚寺位于太原小店区郝庄村南500米的山脚下,因寺内耸立着两座砖塔,又称双塔寺。寺院与塔均为明朝万历三十六年(公元1608年)由明神宗之母慈圣太后出资,福登和尚主持修建。占地面积约3万平方米,有山门、大雄宝殿、观音阁,两旁为东、西配殿。大雄宝殿面阔五间,重檐楼阁式。殿内为砖券,不用梁架,故称无梁殿。殿外形全为仿木结构,正面有砖砌檐柱六根,在柱与柱间有砖砌阑额、普拍枋,上置五踩斗栱,其上又承撩檐枋等。在柱上部四分之一处刻有垂莲和花罩等,增加了墙面的装饰效果。其雕工之精,造型之美,为明代砖构建筑中所罕见。大殿上有观音阁三间,歇山顶,琉璃剪边,前墙装饰和内部结构基本与大殿相同,突出之处是阁内明间砖雕藻井。大殿内有释迦牟尼、阿弥陀佛和东方药师佛铜铁铸像三尊。在我国古建筑中存有砖结构的个别殿堂,五台山、南京都有,但一座完整的寺庙内殿堂楼阁和砖塔全部用纯砖结构者全国仅此一例。"

"东岳庙在蒲县城东5公里处的柏山山巅,始建年代不详。据有关记载,宋金时期已有相当规模,后地震倾毁。元延祐三年(公元1316年)重建,到元延祐五年建起行宫大殿。行宫大殿和献亭上的盘龙石柱为元代遗构,其余建筑、塑像、供器、琉璃等多为明、清遗物。这是一座道教庙宇,主要建筑有土地祠、将军祠、御马亭、华陀庙。这些都在山门前的山腰登道两侧。天堂楼即东岳庙山门上楼阁。凌霄殿在天堂楼以北,与第二道庙门上下叠构成楼阁式建筑。乐楼在第三道门洞之上,为庙内慰神戏台。看亭、献亭在行宫大殿前面。行宫大殿居庙内中央,高大雄伟,四壁无窗,正面设板门,廊下柱础石为宋金遗物,斗栱规整,梁栿自如,整个结构为元代原作。殿顶琉璃瓦覆盖,脊饰、吻兽为黄、绿、蓝三彩琉璃制成,是清代重修时更换过的。大殿内设有高大神龛,约占殿内空间的二分之一,内塑黄飞虎坐像。此殿以北为后土祠、子孙圣母宫。在行宫大殿北隅砖筑窑洞上是清虚宫，内塑玉皇大帝。自清虚宫两侧门洞西行，又是一重院落，周置砖砌窑洞二十七孔，内塑地藏、观音、十殿阎君、六曹判官等。在山门附近有一大片松柏，苍翠茂盛，无人敢伐。这得益于山门前的一副对联'伐吾山林吾无语，伤汝性命汝难逃'。对教化人行善，确实起到一定的作用。东岳庙除了古代建筑与彩塑具有一定的历史与艺术价值，其神权统治作用也较其他寺庙更为广泛而深刻。"

"乔家大院……"

大家从柴泽俊行云流水般的叙述中，又一次感受到山西地上文物的博大精深。事后有人感叹道：柴泽俊已把山西地面文物溶化在自己的血液中，他体内的每一处细胞都在为山西古建而跃动。用了一周时间，山西省按期如数向国家文物局上报了全国文物保护单位的申报名单。不久，评审结果下来了。他们这次上报的绝大多数文物单位都得到国家文物局领导和专家们的认可，经国务院批准后公诸于众。

柴泽俊又一次为山西的文物事业尽了一点自己的力量。

（五）数部专著相继问世

上世纪70～80年代，柴泽俊在勘察、设计和施工中积累了大量的实际经验，撰写学术论文七十多篇，约计九十余万字。这些文章的主要部分被选入公元1999年6月由文物出版社推出的"中国古建史论丛书"中的《柴泽俊古建筑文集》。该书分勘察研究编、修缮保护编和古建艺术编。其中的重要文章有《三十年来山西古建筑及其附属文物调查保护纪略》、《山西古建筑概述》、《古建筑类别与构造》、《古代建筑的勘察方法》、《古建筑保护与维修》、《古建筑保护的基本方法和程序》以及多处重点寺庙的工程保护设计方案。书中还将山西壁画、彩塑、琉璃、石窟、碑刻等作了专题研究。自公元1978年以来，柴泽俊荣获全国科技大会奖两项、山西省科技成果奖

一〇〇　柴泽俊享受第一批国务院颁发的政府特殊津贴的证书

一〇一　柴泽俊的《解州关帝庙》等专著两次荣获山西社会
　　　　科学研究优秀成果一等奖。

一〇二　柴泽俊的专著《山西古代彩塑》、《洪洞广胜寺》荣获2008
　　　　年度山西社会科学研究优秀成果一等奖。

一〇三　上世纪90年代,柴泽俊两次荣获山西省"优秀专家"的称号。

一○四　柴泽俊多次荣获全国科技大会奖和山西省人民政府
　　　　科技成果和论文奖

五项、优秀论文奖两项，两度被评为优秀专家，是第一批享受政府
津贴的专家（图一○○～一○四）。

　　上世纪90年代初，柴泽俊推出了第一部专著《繁峙岩山寺》。此
后，他相继出版了《山西琉璃》、《山西寺观壁画》、《朔州崇福寺》和
《解州关帝庙》。近些年退休后，他又出版了《洪洞广胜寺》、《山西
佛寺壁画》、《山西古代彩塑》和《柴泽俊古建筑修缮文集》。这些大
中型学术图集涉及山西古代建筑的众多领域。

　　山西琉璃是柴泽俊早年就已着手研究的一项课题。对于这一课
题的研究，早年的陈万里先生、高寿田先生也曾给予重视。柴泽俊
在长期实地勘察古建筑的同时，从不放弃对琉璃的研究。每次勘察
都要攀登建筑物顶部，寻找题记，测量尺寸，拍摄照片，从而搜集
到许多珍贵的琉璃艺术品和匠师题记。经过三十多年的积累和研究，
公元1991年5月《山西琉璃》由文物出版社出版发行。它记叙了山
西琉璃从春秋到明清的发展演变，具体考证了制作工艺、化学配比

整舊如舊 老當益壯

此為梁思成師提出之古建築修繕理想原則及對整舊如新返老還童喪失其歷史風貌的修繕性破壞 澤俊同志精心維修保護而多能符合梁公之遺意因錄此語贈之 傅熹年 一九九年十一月

一〇五 工程院院士、文物专家傅熹年先生的题字。

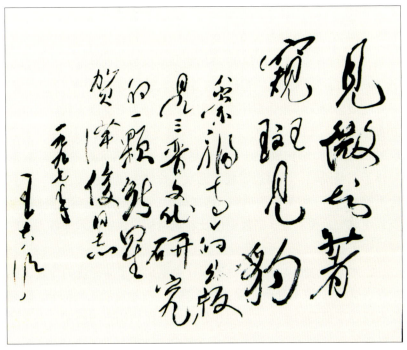

一〇六 原山西省委常务书记王大任先生的题字

成分和每件琉璃作品的匠师题记，并配有详细的彩色图版及图版说明，完整而翔实地记录了山西琉璃艺术的辉煌成就。

公元1996年5月，柴泽俊的力作《朔州崇福寺》一书出版，在业内反响强烈。其中工程院院士、文物专家傅熹年先生的题字为"整旧如旧，老当益壮"。题跋为"此为梁思成师提出之古建筑修缮理想原则，反对整旧如新、返老还童、丧失其历史风貌的修缮性破坏。泽俊同志精心维修保护而多能符合梁公之遗意，因录此语赠之。九九年十一月"（图一〇五）。时任山西省常务书记的王大任先生的题字为"见微知著，窥斑见豹——《崇福寺》的出版是三晋文化研究的一颗新星，贺泽俊同志，一九九七年"（图一〇六）。古建名家郭黛姮女士也打来电话表示祝贺！一部古建专著为何得到业内人士的如此推崇呢？其原因大约有二：一为崇福寺历史价值珍贵，是辽、金时期的名刹巨寺。此寺初创于唐代，金时扩建，明、清局部重修。寺内现存建筑十座，分前后五重院落，均分布在中轴线上和两侧，殿堂楼阁皆备，塑像壁画齐全。其中弥陀殿与观音殿为金代原构，余皆明、清重建。二是上世纪90年代初期柴泽俊对弥陀殿的大修做到了"修旧如旧"，堪称古建施工修葺的经典。其施工专著《朔州崇福寺弥陀殿修缮工程报告》中文出版后，又译为日文版发行，引起东方古建专业人士的广泛关注。《朔州崇福寺》一书对崇福寺中主要建筑的建筑规制、结构做法进行了详尽地论述，对各大殿中的壁画、彩塑作了完整说明，同时还刊载了勘察、修缮、加固和竣工等一系列施工技术报告，附带图版说明、铭文碑记、墨书题记等翔实资料，涉及到建筑史、美术史、宗教史以及建筑结构与保护技术等各方面的专门知识。

公元1997年12月，文物出版社隆重出版了柴泽俊的专著《山西寺观壁画》。该书分研究篇、彩色图版、图版说明三大部分。研究篇中叙述了壁画的产生、发展和分类以及壁质构造与绘制方法，然

一〇七　柴泽俊在解州关帝庙拍摄相关建筑

后按朝代叙述了山西各地壁画的保存现状、内容特征和创作年代。全书以实地调查和文献考证后获得的文字资料为主，配有反映各个时代壁画风貌的彩色图版。柴泽俊对于寺观壁画的研究是从上世纪50年代中期开始的。尤其是永乐宫壁画的迁建，使得他对壁画情有独钟。他担任省古建所所长后，尽管事务繁忙，仍然抽出时间，对以前调查过的壁画区别时代，分寺排比，将其中三十一处寺观五十一处殿堂内的壁画列为典型研究项目。这期间，他曾再度实地勘察，稽考年代，抄录题记，测量面积，详研画题，赏其风格，进而评价其历史与艺术价值。经过长期而细致地工作，撰成专文，汇集成册。同时，将唐、宋、元、明、清已知的寺观壁画分别列出统计表和分布图，以资参考。读者在翻阅这本图集时，仿佛身临其境，从中可以领略到匠师造诣，品赏出壁画神韵。

公元2002年9月，文物出版社又推出了他的另一本专著《解州关帝庙》。三国蜀将关羽，山西解州人。解州关帝庙现存建筑多为清代结构，但该庙布局完整，设置规范，在海内外数以千计的关帝庙中仍然以其规模而居于首位。此外，庙内还保留许多塑像、雕刻、仪卫设施和供器，共同组成关公文化。此书是柴泽俊几年间多次实地勘察关帝庙，反复研究关帝庙的来历、布局、规制和构造，拍摄了各种照片，实地绘制了建筑图样后编撰而成（图一〇七）。书中最为详尽的部分是对单体建筑构造的剖析，无疑是他花费几十年心血而实地勘察的结果。柴泽俊在该书的结尾这样写道："全国重点文物保护单位的研究和出版，必须在深入实地考察和研究的基础上进行，必须收集丰富的第一手资料，经过科学的分析，使之条理化、系统化、科学化才能胜任和完成。"

这就是柴泽俊一生著作等身的缘由。

（六）与好友交往

柴泽俊在长达半个多世纪的古建筑保护和修缮工作中，与海内外古代建筑领域的专家学者结下了深厚的友谊。其中交往比较多的有郭湖生、张锦秋、郭黛姮、吕洲、傅熹年、王世仁、于倬云、杨鸿勋、张驭寰、黄克忠、罗哲文、李世温、宿白、姜怀英、王仲杰以及日本学者铃木嘉吉、稻垣荣三、田中淡先生等。

张驭寰长柴泽俊八岁，早年就读于吉林大学、长春大学，公元1951年毕业于东北大学工学院建筑系，曾任中国科学院自然科学史研究所研究员、教授，是著名的古建专家，有中国古代建筑史论文百余篇。他们相识于上世纪50年代后期。80年代柴泽俊特邀张先生来山西解州为古建筑培训班讲学，相互探讨古建筑勘察和测绘问题以及对中国古塔民居等方面的研究。一次，两人在一起探讨古建筑的测量方法时，柴泽俊提出这样一个测绘观点："测绘时要选择建筑结构完整和原构部分，不要将后人修补过的部分误认为是原构而绘在草图上加以测量。这样建筑物的原貌和时代特征才能得到保证。后人更新和修葺的部分应另构草图，或记入勘察记录上。"张驭寰听后，若有所思地说道："由于建筑物长期受自然界侵袭，会使建筑物走闪下沉和风化腐朽，也会造成一座建筑物的相同部位和相同构件尺寸不一定一致。多测一些尺寸加以分析比较，再绘入草图中。这样就要求测绘者要细致，不放过任何一个细节。看来我这方面也要引起重视啊！"柴泽俊又说道："还要注意收集碑刻题记及文献资料，以便帮助鉴定建筑的创建、重建、修补时代。"张驭寰接过话题道："对，还要结合建筑实物的形制、结构和时代特点作为鉴定其年代、价值的依据，而文献又可作为研究其历史渊源、沿革以及演变过程的资料。"公元2003年元月，张驭寰收到柴泽俊寄给他的《解州关帝庙》后十分高兴，立即回信答谢。信中这样写道："柴总好友惠鉴：久未通信，甚念。您从太原寄来的大书专门作品《解州关帝庙》，我于昨日收到，非常高兴。我觉得近几年来，您的作品相当多，真是一位多产大家，且出版的书均为大部头专著，制作精美，图片清晰，看的出您是位实干家。正如古人云：'文光日月，字夹清风。'特此向您祝贺并向您学习。这些作品是您多年扎实工作的积累，是数十年孜孜不倦读书考察的结果。这也是当前国内外古建专家谁也比不了的。我建议您继续多出书，多出成果。您为古建筑界之第一人。此外，我回赠一本大书《中国古代建筑史》。这是我用十年工夫主持编写的，这本书第三版印刷精美，这本书太重约十斤，从邮局寄发恐摔坏，所以先留在我家待太原来人时再带给您。最近您身体好不好，宝兰同志电话说，您近年身体不好，注意健康，不要过于劳累。祝新年快乐！"

柴泽俊对于古建筑事业的热爱，还表现在对于青年一代的指导和帮助。早在上世纪80年代，他就帮助过一名由郭湖生教授推荐的研究中国古代建筑的日本学者田中淡先生，并建立了深厚的友谊。公元2001年初，北大教授宿白先生写信推荐他的学生李志荣来山西学习古代建筑。他在离开山西回到北大后写信表达自己的感激之情："柴总：此次山西之行最大的收获是认识您，认识您就等于走上了认识山西的路。这对于我是重要的。在我成长的路上，我会记住您在晋城病床上讲过的话。这些话是书上没有的，我很感激您教导我。我昨日去拜访了宿白先生，顺便向他汇报山西之行的收获。先生很高兴，对我的考察日记十分感兴趣，并一起愉快地回忆起1993年在您陪同下的山西之行……宿先生很关心您的身体……我是个山西人却

一〇八　　宿白、罗哲文和李志荣的信件。

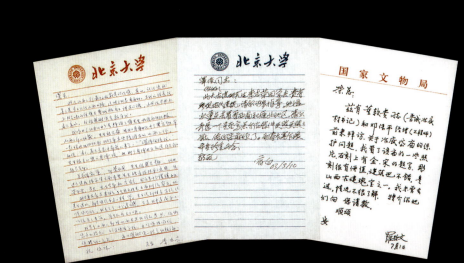

对山西古史地所知甚少，很惭愧，望您多加指点……"

公元2000年7月，罗哲文先生推荐山西晋城冶底村就村中岱庙的保护请求帮助。柴泽俊热情地接待了他们。罗哲文在信中写道："关于冶底岱庙的保护问题，我看了该庙的一些照片，石刻上有宋、金的题字，雕刻很有价值，建筑也不错，特介绍他们向您请教……"柴泽俊择日亲赴晋城实地察看，证实冶底岱庙确有保护价值，可作为全国重点文物保护单位，并将有关考证资料、图片及山西省文物局确认的请示报告呈国家文物局审批。不久，国家文物局将其列入全国重点文物保护单位（图一〇八）。

西北设计院总建筑师张锦秋女士为清华大学学生，从师于梁思成先生。柴泽俊和她常常在一起探讨如何在中国式建筑尤其是现代建筑中溶入一些民族气息与风格的问题。柴泽俊有这样的观点："我们一些建筑学家在现代建筑中探索民族形式的道路，他们只注意了传统建筑的外在形式特征，忽略了内在的民族审美心理特征。这种心理特征是包括审美实践在内的长期社会实践的积淀结果，并形成牢固的民族风格的美学基础。建筑是空间的艺术，是凝固的音乐。中国建筑的艺术形象不在于单体的造型欣赏，而在于群体的序列；不在于局部的雕琢，而在于整体的神韵气度。中国没有巴黎圣母院、佛罗伦萨、伦敦圣保罗教堂那样激动人心的单体建筑，但西方也没有故宫、天坛、五台台怀那样气度轩昂的群体组合。因此，中国建筑要想立于世界建筑之林，不论是中国古代建筑还是现代建筑都要融入一些本民族内在的建筑艺术精神。这实在是我们面临的一项重要而严肃的课题。"

在与诸多好友的交往中，柴泽俊是真诚的，是用心来相交的。古建界前辈杜仙洲、余鸣谦、祁英涛先生，可称为柴泽俊的启蒙老师。祁英涛先生是柴泽俊在上世纪50年代就熟悉的古建专家，曾任北京古建所古建组组长。在多年的交往中，他们结下了深厚的友情。上世纪70年代，祁英涛先生的两个女儿曾在山西的农村插队，太原柴泽俊家就是这一对小姐妹常来常往的地方。那时中国城市的居民有一部分刚刚解决了温饱问题，但仍有部分依然生活在前半个月有粮吃、后半个月借粮吃的状态。柴泽俊家就是后者。孩子们每天下学回家的路上都要捡一些菜叶、煤核等。柴泽俊的妻子每到月末就得向邻居借三、五元钱，借二、三斤粗粮。她工作的商店每当处理一些水果等时就买一些回家，算是给孩子们改善生活。可每当这俩姐妹来住时，他们全家就准备最好的饭菜，生怕照顾不周。一次，柴泽俊的大女儿跟妈妈说："祁蕾、祁蓓快来了吧，我们又可以改善生活了。"山西人就这样好客、实在，惟恐怠慢了客人。公元1988年4月，祁英涛先生在西安突然逝世。当时正值柴泽俊即将赴西藏考察，他仍然挤出时间，急忙赶到北京祁英涛家中慰问，送别了这位启蒙老师。

太原理工大学土木专业教授李世温与柴泽俊结识于上世纪70年代。李先生专长结构力学，从公元1975年开始，他们就一道多次考察应县木塔，特别是对木塔结构的变形进行研究。李先生约长柴泽俊十多岁，但每次登木塔都像年轻人一样。后来柴泽俊挂帅应县木塔保护修缮工程管理会员会任总工程师，李先生为拟定木塔保护方案而提供精确的试验数据，出力最多。当李世温在83岁故去时，柴泽俊在灵堂泣不成声，含泪送别了这位古建筑领域的知音。

公元2006年7月，柴泽俊的一位老上级、曾任山西省文化局副局长的邓焰去世。虽已过去半年之久，但其音容笑貌一直留在柴泽俊的脑海中，于是他以《良师益友好领导》为题撰文，深切怀念与邓焰先生的珍贵友情……

这就是柴泽俊的为人处世。一句话：德与才俱佳。

（七）"又登木塔写春秋"

公元1992年，应县木塔的保护问题被山西省文物局提上议事日程。鉴于诸多因素，应县木塔的保护工作没有大规模展开。公元1999年初，在国家文物局的关注下，山西省成立了"应县木塔保护修缮工程管理委员会"，郭士星局长任主任，柴泽俊任副主任兼总工程师。应县木塔存在的问题是塔身出现倾斜。尤其是二、三层，柱高不到3米，而倾斜已达47厘米，超过柱高的15%，从而造成二、三层向东北扭曲，柱头枋、斗栱等构件在扭曲中已有折断现象。所幸当时建塔时榫卯结构很紧，倾斜扭曲后其结构就变得更紧。其现状如无大的地震或其他灾害似能维持，但决不可长久拖延，否则后果将不堪设想。

应县木塔是建造在高大台基上的，台基高4米多。木塔高67.31米。塔平面八角形，底层直径30.27米。由于所处位置、结构和作用的不同，斗栱达五十四种之多，可谓集我国古代斗栱之大成。进入第一层南门，迎面便是高约10米的释迦牟尼塑像，顶部有精美华丽的藻井，内槽墙壁上画有六幅如来像，门洞两侧墙壁上绘有金刚、天王、弟子等壁画。第一层楼高11.5米。登上第二层，便觉豁然开朗，八面采光。二层以上每一层都有塑像。二层坛座方形，上塑一佛二菩萨和两胁侍菩萨像。三层坛座八角形，上塑四方佛像。四层塑佛、阿难、迦叶、文殊、普贤像。五层本尊为毗卢舍那佛像，周围有八大菩萨像。这座木塔是研究我国古代高层木构建筑的珍贵实物，公元1961年被公布为第一批全国重点文物保护单位。如此珍贵的历史文物，其保护、抢修和加固的重担就压在了柴泽俊的肩上。此间他多次陪同专家学者以及有关领导对木塔残损情况做实地考察（图一〇九～一一七）。

他们做了八大类十一项工作，制定出三套施工方案（抬升加固方案、落架修缮方案和现状加固方案），并进行了可行性研究。为此，山西省古建所、考古所等八个相关机构共同为应县木塔提供了科学而准确的数据资料。在这些测量数据的提供中，任木塔保护修缮工程管理委员会办公室主任的曹安吉、太原理工大学教授李世温、山西省建设厅总工程师刘旋金在项目的确定、程度的把握和技术费用等多方面贡献最大。三套施工方案之一的抬升方案的提出人、太原市理工大学教授马庆如的构想，得到了曾建设东方明珠大厦的上海方面的专家叶克明的认可，并补充了许多有价值的建议。可以这样说，三套方案的设计集中了全国有关专家的智慧与心血。

对柴泽俊的努力成果，业内外给予了高度评价。古建前辈、两院院士吴良镛题字"苦心经营，妙手回春"，题跋为"泽俊方家为山

一〇九　应县木塔保护修缮工程管理委员会合影,前排居中为柴泽俊。

一一〇 柴泽俊（左三）与日本学者铃木嘉吉（左二）、田中淡（左一）等人研究应县木塔残损情况及保护方法。

——— 柴泽俊（中）考察木塔塔刹保存情况

一一二　柴泽俊（左二）陪同国家文物局局长单霁翔（左一）、山西省委领导申维辰（右二）勘察应县木塔

一一三　柴泽俊（中）为国家文物局局长单霁翔（左一）等介绍应县木塔

一一四　柴泽俊实地考察应县木塔暗层残损情况

一一五　柴泽俊(右一)陪同原建设部部长、两院院士周干峙(右二)
　　　　考察木塔受损情况。

一一六　柴泽俊（左一）、山西省文物局副局长高可（右一）陪同国
　　　　家文物局副局长郑欣淼（中）考察应县木塔受损情况。

一一七　柴泽俊（右一）陪同郑孝燮先生（中）、张锦秋女士（左一）
　　　　考察应县木塔残损情况。

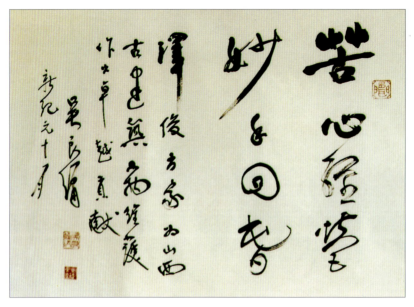

一一八　两院院士、清华大学原建筑系主任吴良镛先生的题字

西古建筑文物维护作出卓越贡献，新纪元十一月"（图一一八）。国家文物局古建专家组组长罗哲文题字"业精于勤，艺夺天工"（图一一九）。山西省文物局局长郭士星题词："投身古建欲何求，抢救遗产为国忧。永乐宫里留心血，崇福寺内巧运筹。解州关庙传佳话，晋祠大殿功不朽。风雨难阻千里志，又登木塔写春秋。"（图一二〇）曾任山西省文物局副局长的张一步郭士星句而题字："投身古建五十春，不辞艰辛勤耕耘。汗滴唐建南禅寺，广胜两寺留足印。普救寺内建功业，鹳雀名楼树功勋。多部著作传于世，光我三晋启后人。"（图一二一、一二二）

　　清华大学教授、博士生导师郭黛姮女士来信："……您在应县木塔保护的工作中付出了辛勤劳动和智慧，立下了卓著的功勋，令人钦佩。有您这样的总工领导木塔的保护工作，显示着木塔保护工程的科学严谨，必将出现又一个文物保护工作的典范……"面对这些赞许和鼓励，柴泽俊更感到了一种压力与责任（图一二三、一二四）。

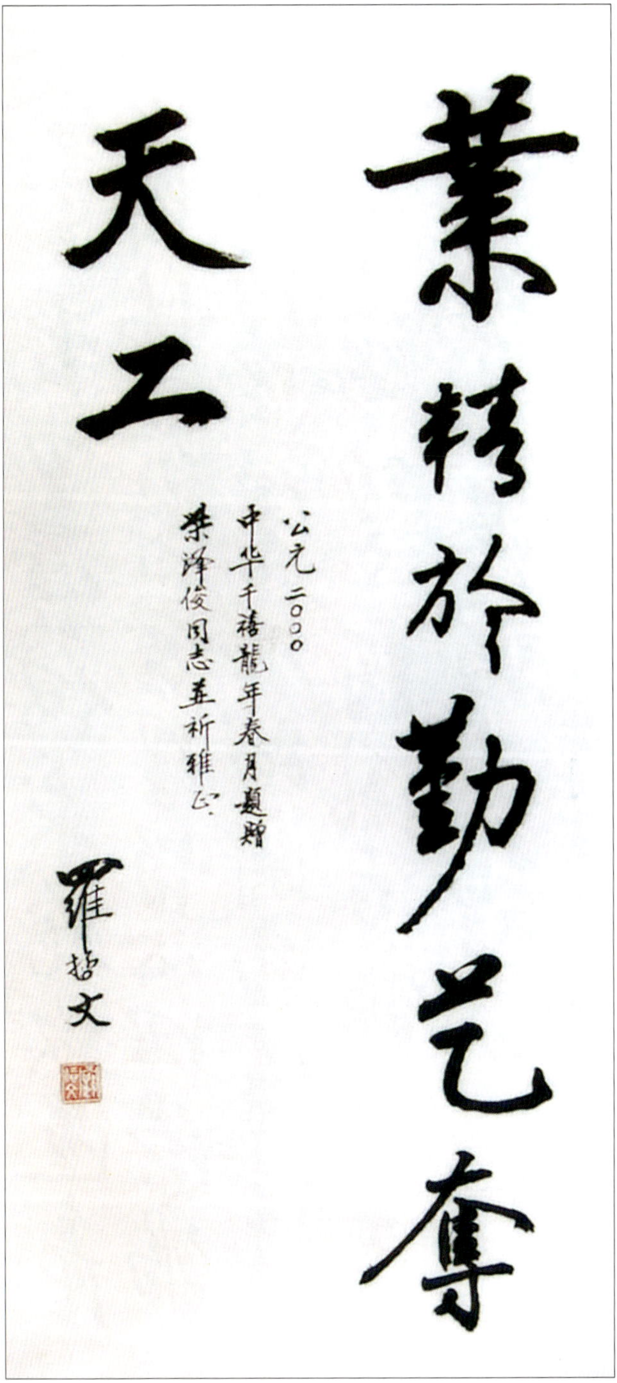

業精於勤艺夺

天工

公元二〇〇〇
中华千禧龍年春月題贈
榮澤俊同志並祈雅正

羅哲文

一一九　国家文物局古建专家组组长罗哲文先生的题字

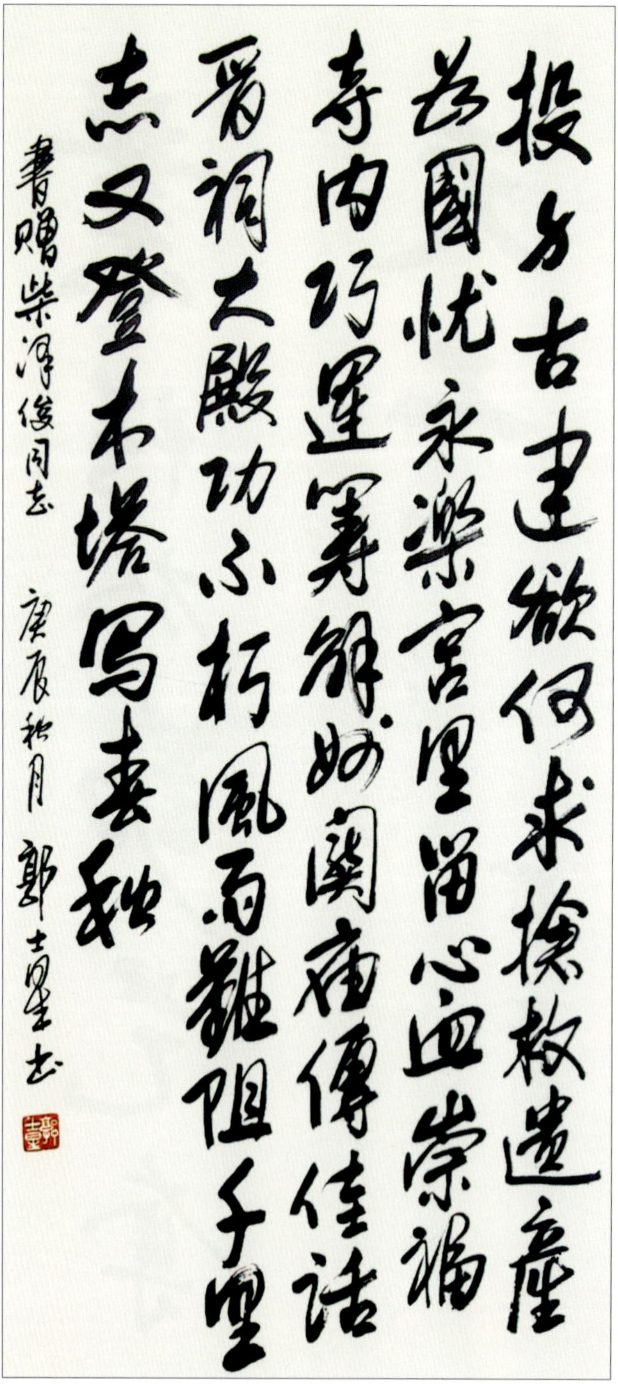
搶救古建欲何求搶救遺產
為國憂永樂宮裏留心血崇福
寺內巧運籌解州關帝傳佳話
晉祠大殿功不朽風雨難阻千里
志又登木塔寫春秋
書贈柴澤俊同志
庚辰秋月 郭士星書

一二〇 山西省文物局局长郭士星先生的题字

投身古建五十春
不辞艰辛勤耕耘
汗滴唐建南禅寺
广胜两寺留足印
普救寺内建功业
鹳雀名楼树功勋
多部著作传於世
光找三晋启後人

步士星同志句後而书之 书奉
柴择俊事业友好两心
二零一一年元旦 张一

一二一　山西省文物局副局长张一先生题字

一二二　山西省文物局副局长
　　　　张一先生书、曹安吉词。

一二三　清华大学教授、古建
　　　　专家郭黛姮女士来信。

赠柴泽俊同志　曹安吉
一生事业多风流
文物建筑晋为首
勘测研究从不休
山西文明自古优
修缮保护功绩冒
著作等身传九洲
令庚年逾七旬後
依然耕耘甘为牛

二零一六年八月 张一书

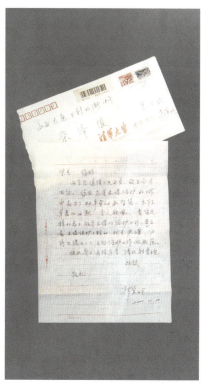

一二四　太原市文化局副局长袁旭临的国画《双寿图》

一二五　柴泽俊（中）在论证会上陈述应县木塔测量后的残损状况

一二六　柴泽俊（左一）在论证会上与代表热情交谈

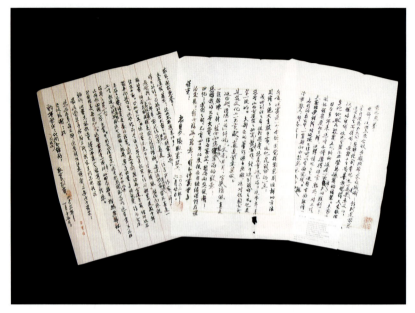

一二七　古建专家张驭寰先生的两封信件

公元 2002 年 6 月 5 日，刚刚进入初夏的太原，连着几场透雨后树木显得更加葱茏，花团锦簇，清爽怡人。应县木塔保护修缮工程管理委员会经过细致的前期工作，几套施工方案已准备就绪，评审方案汇报会就在并州饭店隆重举行。山西省人大、政协及分管文物的副省长等领导参加，七名院士应邀出席。他们是两院院士周干峙、吴良镛，工程院院士陈兆远、张锦秋、叶可明、傅熹年、江欢成。张驭寰教授、张维岳（原中国建筑科学院副院长）、赵基达（中国建筑科学研究院结构研究所所长）、樊成谋（哈尔滨工业大学教授）、罗哲文先生、郭黛姮教授和郑孝燮教授等四十多位专家学者云集太原，拉开了木塔保护与研究的序幕。大会会期三天。先由各协作单位汇报木塔测量、勘察、钻探、挖掘等方面的数据报告，拟出三套施工方案的设计人员分别阐述各自方案的利弊，各位专家也都在会上表达了各自的观点，最后大会以投票方式对三套方案表决，绝大多数专家学者投票确认"抬升加固方案"。这是一次科学的大会，一次成功的大会，一次多领域、多机构、多观点求同存异的盛会。作为这次大会的主办方，应县木塔保护修缮工程管理委员会近几年所付出的努力与取得的成绩也得到了大会的认可（图一二五～一二七）。

　　这次会议以后，柴泽俊便着手按照会议精神，补充、修改和完善方案，并于同年上报国家文物局请示审批。此时已近公元2002年底。随着时间的推移，他只能等待。等待可以是无限的，但人的生命是有限的。不幸的是，刚进入公元2003年，柴泽俊就患上了心脑血管疾病。经过北京301医院的治疗，他才于同年8月出院。公元2004年初，国家文物局在山西朔州组织召开了关于应县木塔的专门会议，柴泽俊列席参加。这次会议未能采纳前次会议确定的保护方

一二八　公元2003年底，柴泽俊在五台佛光寺东大殿勘察
　　　　梁枋损坏情况。

一二九　公元 2003 年底，柴泽俊再度考察五台南禅寺唐代彩塑。

一三〇　公元 2003 年底，柴泽俊在五台南禅寺勘察唐代彩塑。

案，认为木塔的现状似可维持。从谨慎的角度出发，提出应继续密切观察与研究。此后不久，应县木塔保护管理的归属权上交中国文物研究所负责。至此，柴泽俊完成了他对应县木塔的历史使命。当然，他是闲不住的，拖着病后虚弱的身体，又奔波于其他的古建维修工地（图一二八～一三〇）。

五台佛光寺唐建东大殿

六 晚年生活

（公元2005年至今）

（一）连任三晋文化研究会副会长

公元2004年12月，七十岁的柴泽俊在申请退休后得到允诺。此时，他最大的心愿就是用多年积累的一些资料再出几部书，尽可能地把这些珍贵的第一手资料留给后人。他常说："一部大型专著从勘察测绘、收集资料、逐项研究，再到付梓出版，是一项很大的文化工程。幸好有省文物局、文物出版社以及三晋文化研究会的鼎力支持。"

山西省文物局作为柴泽俊担任古建所所长时的上级单位，作为他担任总工程师的工作单位，在他的古建事业发展中提供了有利的环境和适宜的土壤。文物出版社则从他上世纪50年代末期出版第一本小册子开始，在半个多世纪中为他出版了绝大多数的著作，并由此结下了一生的不解之缘。三晋文化研究会对他的支持是巨大的。它成立于公元1998年，由山西省的老一辈领导、专家、学者和文化名流组成，是以研究山西文化为主题的社会团体，在二十多年的发展中先后资助出版了《三晋文化丛书》、《山西历史文化丛书》等重大的文化项目。柴泽俊从其成立之日起就被推为理事，公元1993年担任常务理事，公元2003年任副会长，公元2008年8月在三晋文化研究会第五届理事会换届选举中又连任副会长，并被评为优秀主编。他的多部专著被列入《三晋文化研究丛书》系列和《山西历史文化丛书》系列。

公元2006年初，柴泽俊的专著《洪洞广胜寺》、《山西佛寺壁画》相继出版。广胜寺分上寺、下寺和水神庙三处，位于山西省洪洞县东北17公里的霍山南麓，是佛教传入我国初期创建的寺庙，历代被毁，元代重建。这里霍泉涌动，古柏遍野，是古老寺庙与自然山水相结合的风光名胜。寺内元代殿宇结构奇巧，飞虹塔和各殿屋脊上的琉璃构件精致富丽，殿内木雕和塑像大都完好，水神庙明应王殿的壁画记载了当时的社会风貌和戏剧演出形式。上世纪30年代，不少名家对其寺内所藏金版佛经多有研究。尤其是梁思成先生对其考察后，逐渐得到学术界的重视。公元1972年，广胜上寺部分建筑出现残损，柴泽俊曾主持修缮设计和施工。在实地研究过程中，柴泽俊深切感受到它的珍贵历史价值，便开始收集资料，测绘上下两寺的总体布局和有关建筑的各部尺寸，测绘塑像、壁画、琉璃各部尺寸，拍摄照片，抄录碑文、题记和文献资料。他退休后，在文物出版社和地、县文物管理部门的催促下，又抓紧撰写文稿，组织绘制实测图，重拍彩版，在诸多同志的帮助下完成了这本专著。该书分建筑篇、艺术篇、修缮篇和彩色图版及图版说明等。在建筑篇中，对各殿的独特建筑进行了论证与研究。特别对飞虹塔这座通体用五彩琉璃镶嵌的楼阁式塔，就其造型、结构逐层详细记叙，并依据史料记载对其塔的历史演变进行研讨。在"广胜寺建筑的几则科学成就"一节中，用大篇幅的文字、图版全面研究了广胜寺这座元代建筑中颇具时代特征和地方风格的建筑组群。在艺术篇中，对各殿的雕塑、壁画等进行了生动而形象的阐述。在修缮篇中，则收录了部分殿宇的修缮设计和施工报告。这是一部全面考证广胜寺的珍贵专著。

《山西佛寺壁画》一书是受香港旭日集团的嘱托，在公元1997年出版的《山西寺观壁画》的基础上，将其二十二处佛寺壁画汇集成册后出版。香港旭日集团董事长杨钊先生信仰佛教，尤崇佛教遗迹和佛教文化。此书的出版堪称弘扬佛教文化的善事，同时也得到了三晋文化研究会的热情支持。

（二）半个世纪的科学总结

公元2006年3月，继《山西佛寺壁画》完成后，柴泽俊又为山西省文物局主编的《山西文物建筑保护五十年初编》一书专门撰写了《五十年来山西文物建筑保护工程及其成就》一文，并于同年11月份正式发表。全文约5万字。对于该文的价值，北京大学考古文博学院

一三一　《中国文物报》2009年1月16日第八版刊载的
《柴泽俊谈古代建筑保护修缮问题》一文。

李志荣教授在《柴泽俊谈古代建筑保护修缮问题》一文中有过高度评价"……不仅是山西古建界需要学习的文献，考虑到山西古建筑在全国所占比例之巨，也应该成为全国古建筑保护研究领域认真研读的重要文献"（见《中国文物报》2009年1月16日第八版）（图一三一）。

此文在日常维修和抢险性保护中，将其保护分为三个方面：其一，调查了解文物建筑价值和规模，理顺分级保护体制；其二，作好日常的清洁卫生和保养工作。例如，清扫瓦顶，修排水渠，防雨防震，绿化环境；其三，对各种不同的残损情况，有计划、有步骤地加以重点保护修缮。在修缮保护中，可分为一般揭瓦修缮工程和重点揭瓦修缮工程等六大方面。通过几组典型寺庙实例，分别讲述其残损修缮方法以及取得的效果和成就。文中特别强调指出：不能对文物较大型的修缮都称为"落架大修"，否则势必扩大工程范围和规模，浪费资金，损失文物建筑构件，损毁文物建筑的历史信息。这是不应该的，也是不真实的。最后，此文提出了七大理念，明确指出坚持这些正确的原则理念，是做好文物建筑修缮工作的关键所在。理念一旦偏离，文物建筑的修缮就会误入歧途，或走向误区，甚至损伤文物的价值。说严重些，还可能造成保护性破坏。在这部分内容中阐述了作者许多鲜明的观点，是应该引起思考的。全篇文章被放在《山西文物建筑保护五十年初编》的首篇位置，是柴泽俊一生从事文物建筑保护的实践总结，是其晚年呕心沥血的又一力作（图一三二）。该文被收入新出版的《柴泽俊古建筑修缮文集》。

一三二　柴泽俊颈椎病严重，十多年来都是依靠板架撰写稿件。

（三）病袭志坚

公元2007年初，由于多年来颈椎严重变形，一直依靠板架撰写稿件的柴泽俊渐渐感觉双眼模糊、双影，视力明显减弱。经山西省眼科医院诊断为左眼老年性黄斑扩散，眼底眼球晶体变形，导致视力急剧减弱，同样右眼也出现明显黄斑。医生告知目前暂无有效治疗手段，只有用药维持现状，以期延缓视力减弱的势头。眼睛是人体最宝贵的器官之一。他的这双眼睛鉴别了多少地上文物的珍贵价值，勘察、测绘、拍摄和收集了多少资料，保护修缮了多少精美的寺庙殿宇，写下了一部又一部传世的精美专著。他不能没有眼睛。他要像抢救文物一样抢救这一双眼睛。6月初，他住进了北京同仁医院，实施手术祛斑。眼底祛斑造成眼底出血，左眼几乎没有视力，仅存感光而已，手术效果不明显。右眼已出现黄斑，其视力仅为0.6，必须吃大量药物，以维持其现状。医生再三告诫：双眼避免强光照射，严禁视觉疲劳。

柴泽俊曾经有一双明亮的眼睛，视力均为1.5。这一打击足以使他万念俱灰。他还有撰写多部书稿的计划，家人、同事和朋友都劝阻他就此搁笔，也算是功成名就了。柴泽俊第一次出现犹豫和彷徨……一个七十四岁的老人，还能摆脱困境吗？答案一定是肯定的。这不出人意外，这是他一生的性格使然。柴泽俊又重新振作起来，一方面与眼疾抗争、与多年来颈椎变形带来的疼痛抗争、与心脑梗塞带来的行动不便抗争，一方面继续完成他的写作计划。

公元2008年4月，《山西古代彩塑》由文物出版社出版发行。就在上一年5月柴泽俊的视力急剧下降而到北京同仁医院前夕，他写完了该书的后记部分。这正是他一贯的作风，在上手术台前必须完成这一阶段的所有工作，以免带来遗憾。公元2008年7月，三晋文化研究会召开《山西古代彩塑》出版座谈会，并出版了专刊（图一三三）。参加座谈会的有山西省人大原主任、三晋文化研究会名誉会长王庭栋，山西省政协原主席、三晋文化研究会顾问郭裕怀，山西

一三三 《三晋文化研究会会刊》2008 年 7 月的专刊

省委农工部原副部长、三晋文化研究会副会长张捷夫，山西省政府原副秘书长、三晋文化研究会副会长罗广德，山西省文化厅副厅长、三晋文化研究会副会长郭士星等。座谈会由山西省人大原副主任、三晋文化研究会会长李玉明主持。他这样讲道："三晋文化研究会今天在这里举行《山西古代彩塑》出版发行座谈会，一是为了对作者柴泽俊先生的褒扬，二是对山西彩塑历史、艺术、科学价值的一次诠释，三是为了进一步引起大家对山西彩塑及其他各类文物保护、研究的重视。"在座谈会上，柴泽俊说道："这本书的实地勘察研究工作是在2004年底退休后到2007年内完成的。过去在调查古代建筑、琉璃、壁画过程中收集到一些资料，但不系统。退休后实地勘察过几十处有塑像的寺庙，鉴别塑像时代，鉴赏塑像造型、风格和艺术成就；寻觅题记，抄录有关碑文，查阅有关佛经、道藏；明确各种仙、佛塑像的布列方法和各种佛像、菩萨、神仙、真人的身世地位。我认为首先必须弄清楚这些塑像是谁，身世地位如何，然后再研究时代特征和塑像艺术。""由于身体原因，行为不方便，外甥女孙芙蓉为我跑北京冲彩卷（反转片），整理资料，复印稿件。老伴先后跟我几次勘察，取得的资料是可贵的。大女儿玉梅为我测量了大部分佛坛和塑像尺寸，这是一件不好完成的事，许多人不愿意触及塑像，更不要说把香客挂的东西取下，照完像、测量完尺寸后再披挂上去。这些都是大女儿完成的。""该书2006年后半年撰稿，共计三十多万字，二百七十三幅图版，经过三次修改筛选，于2007年后半年完成。由于行动不便，工作极为吃力，但我总想在三晋文化研究会这一届任期内撰写这本书。为此，可以说是举全家之力完成的，也算是完成了我一大心愿。三晋文化研究会学风很正，我愿为三晋文化研究多作一点贡献。"山西现存寺庙、道观和一些风俗神庙中的古代彩塑多达一万三千多尊，这部《山西古代彩塑》仅为其中的一部分优秀作品。全书分为研究篇、彩色图版二部分，其中研究篇中详细叙述了彩塑源流，山西各地现存的四处唐、五代珍贵彩塑，八处宋、辽、金彩塑，三处元代彩塑，十二处明清彩塑。余韵一节还刊有宋、辽、金彩塑十四处，元代彩塑十一处，明代彩塑十四处，清、民国时期彩塑十三处，并就其雕塑的时代、地点、现状、价值等都有明确的说明。这为有志于此的学者、爱好者提供了进一步研究与鉴赏的线索……柴泽俊在余韵的结尾这样说：山西不仅是"中国古代建筑的宝库"和"琉璃艺术之乡"，也是"中国古代寺观壁画

一三四　公元1989年，柴泽俊五十五岁时与夫人李英珍合影。

和彩塑艺术的荟萃之地"。参加座谈会的老领导、专家学者都谈了各自的观点和感受。例如，王庭栋先生作了《好机制创造出大成绩》的发言："《山西古代彩塑》对全国乃至世界都是一大贡献。三晋文化研究会二十年来一直有良好的学风，为山西的文化事业作出了巨大的贡献。首先感谢柴泽俊同志对此付出的辛苦和努力。他是古建方面的专家，在三晋文化研究会的良好机制下，发挥着积极性……"这些发言都是对柴泽俊发自肺腑的赞誉。

公元2009年6月，他的又一本专著《柴泽俊古建筑修缮文集》由文物出版社出版。此书与他十年前出版的《柴泽俊古建筑文集》堪称姊妹篇。老骥伏枥，志在千里。烈士暮年，壮心不已。尽管如此，他还不无遗憾地说：由于健康原因，现存许多资料、图片，远没有发挥应有的作用。只能等待机会了……

《易经》曰："积善之家，必有余庆"。柴泽俊一生为古建事业奔波，虽在工作中多次受到冲击，健康上屡遭疾病困扰，但他有一个几十年与他风雨相伴、辛勤操劳而无怨言的夫人（图一三四），有一个祥和美满的大家庭，因而享受到了晚年苦尽甘来的天伦之乐。他的儿女们都有自己的工作和事业，都有各自幸福的家庭。他的儿子、大女儿和孙女都从事古建筑保护研究工作，二女儿从事现代建筑研究，二个外孙女都在大学读书……

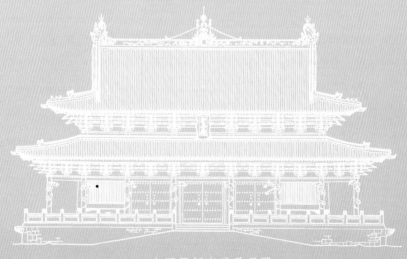

太原晉祠宋建圣母殿

七 结语：别树一帜

　　柴泽俊在半个世纪的中国古代建筑的保护与研究中，由一个仅具小学文化水平的极为普通的文物工作者，成长为当今中国古代建筑领域内颇具成就的研究者之一，就是靠勤奋，靠实践，靠执着的敬业精神。

　　纵观他对中国古代建筑的贡献，主要表现在以下四个方面：

　　第一，调研、挖掘山西现存大量地面不可移动文物，提升其居全国文物大省的地位。具体为：1、木结构建筑（也含木塔、楼阁、戏台）。唐、五代、宋、辽、金时期现存一百零六座，占全国同时期70%以上；元代三百五十余座；明、清更多，数以万计。其规模、价值较大的有十三处。2、砖石结构建筑如永祚寺、山西晋中几处民居等。3、石窟造像。一百六十余处。4、石刻造像。北魏、唐、宋佛龛、单身造像二千余尊，造像碑一百五十余通，小型砖塔石幢六十余座。5、壁画。已知优秀的壁画七千平方米，全国之冠。6、彩塑。一万三千尊，其中优秀彩塑唐代八十二尊，五代十一尊，宋、辽、金四百一十四尊。7、琉璃。多附着于古代建筑之上，不可数计。截至2004年底，属于全国重点文物保护单位有152处。

　　第二，参与指导和主持多处重大古代建筑保护修缮工程。重大保护修缮工程这里主要指全部落架大修的工程和迁移保护工程。全部落架大修的工程有大同华严寺大雄宝殿、朔州崇福寺弥陀殿、太原晋祠献殿、晋祠圣母殿、高平崇明寺中殿、五台南禅寺大殿、显通寺无量殿。迁移保护工程有芮城永乐宫（任施工组长）、长子法头寺、阳曲不二寺三圣殿、吉县圣母庙正殿、太谷资福寺藏经楼等处。在这些重大保护工程中，他严格遵守"不改变文物原状"的原则，使其"修旧如旧"、"修了和没修一个样"。他是梁思成先生古建思想的忠实践行者。这些工程尤其以：芮城永乐宫、朔州崇福寺弥陀殿、太原晋祠圣母殿、五台显通寺无量殿、南禅寺大殿为典范。深得梁公思想之精髓。此外，一些局部落架修缮的工程有十余处，其中较大者为洪洞广胜寺、长治城隍庙城隍殿、繁峙岩山寺文殊殿，五台佛光寺文殊殿；重点揭瓦修缮（揭瓦修缮、梁架拨正）工程六十多项，如五台圆照寺大佛殿、文水县则天庙正殿、绛县太阴寺大雄宝殿、交城卦山天宁寺藏经阁等；一般揭瓦修缮工程七十多项（略）。

第三，培养出一大批古代建筑专业人才，打造出高素质古代建筑保护修缮的过硬队伍。从公元1981年起他主持举办多次规模大、师资力量强的古代建筑保护研究培训班。学员遍及全国各省、市，并在山西大学、东南大学等学院中的古代建筑专业讲学。他的学生如今已在各级文物管理部门担任主要工作，成为古代建筑中的骨干力量。在他担任山西省古建所所长期间，带出了一支过硬的古建队伍，其机构成为一所名副其实的科研机构，走在了全国文物系统的前列。

第四，撰写了十几部足可传世的古建专著。柴泽俊一贯倡导调查研究，并且身体力行。他一生的保护修缮始终贯穿在研究之中。只

一三五 第一类文物重点保护专题研究

有认真仔细的研究，才能很好地把保护修缮落到实处。否则就是盲目的、主观的。这一点在他的所有专著中得到了映证。

其古建专著按其所属性质可分为三大类。第一类，文物重点保护专题研究。主要著作是《繁峙岩山寺》、《朔州崇福寺》、《解州关帝庙》、《洪洞广胜寺》。属《中国古代建筑》大系。第二类，地域性文物分类研究。主要著作是《山西琉璃》、《山西寺观壁画》、《山西佛寺壁画》、《山西古代彩塑》。第三类，重点修缮工程技术研究。主要著作是《朔州崇福寺弥陀殿修缮工程报告》、《太原晋祠圣母殿修缮工程报告》、《山西古建筑木结构模型》、《柴泽俊古建筑文集》、《柴泽俊古建筑修缮文集》。当人们捧读这些极具学术价值的专著，从其字里行间可以深切感受到他把对古代建筑保护研究的理念通过修缮工程完美的结合，并有详尽的阐述（图一三五～一三七）。

我们采撷他在对古代建筑保护修缮研究中的一些观点如下：

　　——对于古建筑的保护和修缮，必须时刻注意保存原状，不能有丝毫的变革和偏移，必须遵守不改变文物原状的原则。

　　——文物建筑的原状是一定历史时期遗留下来的文物建筑的规模、布局、装饰、装修、工艺手法、背景环境所形成的建筑文化和建筑成就。随着时代的推移，文物建筑会出现各种不同的残损，后世几经修补，甚至更换了部分构件，这是历史的变迁，只要不妨碍文物建筑的形体、结构、装饰、平面布局等有价值部分，不危及文物建筑物安全，亦应视作原状保存，反映建筑经历，社会变革，文物建筑自身变化等方面的历史记述和历史信息，是原状的丰富内容和可读史料。

　　——保护和使用原构件，是保护文物原状和保持文物建筑原真性的关键，劈裂者加固，残损者葺补，在保证文物建筑安全和质量

一三七　第三类重点修缮工程技术研究

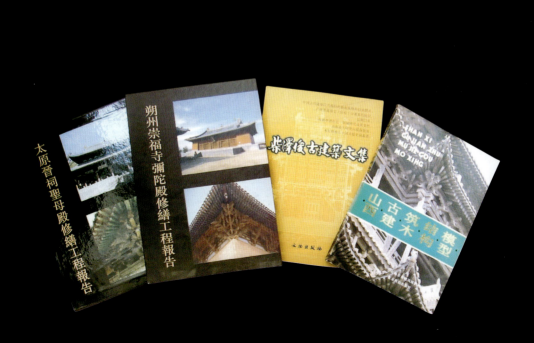

的前提下，尽可能地保护和使用原有构件，以确保文物建筑的历史、艺术和科学价值不受损伤。在修缮文物实践中，把保护和使用原有构件看做是保护文物建筑原状原貌的基础，千方百计地保护、加固和使用原有构件，一般原有构件多在90%以上，以保护文物建筑的原状、原貌、原构。这在文物建筑修缮以后，好象没有修缮似的，大概就是这个缘故。

——对那些损害文物建筑风貌的建筑物、构筑物、损害或妨碍文物建筑格局、造型、结构装饰、背景环境等有趣部分以及影响古建筑安全的拙劣修补或添加，在经过认真勘察环境之后，不加保留地予以清除或拆迁。

——文物建筑修缮中的局部复原，大多是必不可少的，任何复原项目必须要有科学根据，而且这种根据最好是本建筑物自身的。其次是本组群之中或本地区的，切不可向外省市或远地方仿制，更不可搬用清《工部工程法》和宫式建筑图样。局部复原是以保护文物原貌为前提以不改变文物原状为基准，坚持"双性"原则，即复原的科学性和复原的必然性。所谓科学性就是依据资料扎实充分；所谓必然性，就是复原项目直接影响文物建筑的原状、原貌和安全。两者缺一不可，千万不可偏废。

——缺失部分的修补是指修缮工程中残损严重无法加固继续使用的结构和构件，早已损毁的局部构造和构件，我们的做法是：缺失和残甚而修复和更新部分构件，保持与整体基本和谐，或者说远看和谐，近看新旧有明显区别，大小构件十米以内可以区别清楚，小型构件五米以外分清新旧，较特殊的大型构件用木牌和题记方法注明，砖、瓦、橡、飞之类记入登记表中存入档案，供核查检校之用。这种做法符合《威尼斯宪章》，也符合中国传统。

——修缮是古建筑领域最大的科研。

——应当重视建筑物的细部，每一时代的每一座古建筑细部都不一样，没有一座完全一样的古建筑，也没有完全按《法式》做的古建筑，修缮时必须重视各自的特点和细部。如果对细部不重视，修的时候就可能改变其工艺手法，修完以后就看不出是什么时代的了。

细节方面的特点看不见了，仅剩大构架还可见这些特点。这是十分可惜的。比如柱头卷杀，斗栱细部。光是做木构研究的人知道这些细节变化是不够的，关键必须要主持修缮工程的人注意。

——传统的营造技艺不一定是落后的，应该研究它，不能动不动就用新办法代替旧办法，一些方法没有经过时间检验，不一定能够适应古建筑的保护修缮。

——古建筑修缮工程，施工是关键。培养一批古建筑修缮方面的科学技术人员，特别是施工一线的人才，更是保证修缮工程成功的关键。

——在一些古建筑中，附属在其内的附属文物，有些文物价值很高，甚至超过了古建筑的价值，不可疏忽。

——任何一类建筑都是由许多单体建筑组合而成的，因此每个单体建筑各个部位的历史特征是认识和研究古代建筑的关键所在。

——在修缮文物建筑时，除个别明清建筑重新照旧油漆彩画过以外，早期建筑全部采用刷桐油渗底防腐，然后根据各个建筑物上油饰做旧，上架断白做旧，殿内有彩画的建筑物，依旧复原，新旧构件协调一致，给人以古朴整饬、苍古劲健的感觉。

——文物建筑和环境，是其生存与延续的地理环境和客观条件，它们是个体与整体的关系，是树木花卉与土壤的关系。开发性的现代建筑其间距应放远一点，至少放在3～5公里之外，而现在都是逼近文物建筑，这是应该引起各级领导和文物管理部门高度重视的。必须坚持保护文物建筑的背景环境，坚持文物建筑和文物保护单位保护范围和建设控制地带的审批权限。

当人们捧读这些极具学术价值的专著从其文字的字里行间，我们不仅没有感到专业术语的艰涩之苦，反而能从中欣赏到其生动形象、活泼的文字表达。似乎每一篇都像是优美的游记散文，可以从中体味到祖国悠久的历史文化遗产之珍贵，激发爱国主义思想之激情。以《洪洞广胜寺》为例："广胜寺坐落在洪洞县东北十七公里的霍山脚下，霍山，又名霍太山，是太岳的主峰，《禹贡》曰太岳，《风俗通》称霍山。山下泉水名霍泉。寺址居水源上隅霍山南端，稽考霍地，周初封叔处为霍国，亦称霍伯国，山亦名之，水亦名之，州县地名亦据此名之。此寺西北二十公里是旧赵城县址。从铁路南同蒲的临汾、洪洞两站下车，或乘行驶之高速公路的客车至洪洞县车站下车，通往广胜寺的公共汽车和各种出租车往来如梭，随时皆可转乘。寺区依山傍水，山势巍峨，泉水汹涌，古柏遍野，苍翠葱郁。可能由于风向所致，树枝和树干多向东南面倾侧和扭曲。霍泉源流从霍山西南脚下磐石中涌出，积水成潭，面积达千余平方米。潭周古柏倒影，垂柳如画，潭水碧清见底，游鱼可数。潭前渠道纵横，溪流满盈，广胜寺就坐落在这依山面水，风景秀丽的环境之中。""20世纪30年代初……发现广胜寺藏有金皇统版"赵城藏"数千卷，……人们只注意到广胜寺所藏"金藏"之可贵，并不知寺内建筑、塑像、壁画之珍奇。1935年我国著名建筑学家梁思成先生赴广胜寺勘察，遂将广胜寺建筑公诸于世……才引起国内外学术界的重视。1939年国民党军阀冯欣哉等人欲图盗走未遂，当时正值抗日战争时期，冯欣哉之举引起日寇贪婪，遂派奸细侦探欲行窃走。这引起中共太岳区领导的警觉，立即派出小分队用生命和鲜血保护了这部古籍，为研究我国印刷术和佛教历史保存了重要的证据。""1928年，美国人华尔纳、普爱伦、史克门等人发现广胜寺下寺大雄宝殿内的元代壁画价值连城，遂勾引寺僧贞达与当地豪绅李宗钊等人，以白银一千六百圆的廉价将其买下，并分块割取下来偷运出国。这些珍贵的壁画现在分别收藏于美国勘萨斯城纳尔逊美术博物馆和费城宾夕法尼亚州立大学博物馆。遭此浩劫以后此殿四壁只好以素泥抹盖，大部分壁画空清无饰。"再往下读："广胜上寺大雄宝殿，殿内佛龛三间，当心间置释迦佛，结跏趺坐，下有六边形束腰须弥座，座上的上枋下枋各转角处皆以沥粉贴金绘出各种卷草图案，束腰的上枭下枭皆作仰覆莲瓣，上下莲瓣之间增设垫枋各一，枋上绘锦纹图案，束腰各转角处力士负重，壶门图案略如荷叶形式，须弥座上周置仰莲瓣三层，制成平台。释迦佛端坐其上，袒胸露背，斜披袈裟，左手微举，右手扶于膝面，手指微翘，似有动感，佛像身体健美，肌肤圆润光滑，衣纹流畅而自然，头上螺髻凸起，面相方圆盈润，鼻梁高凸，嘴角收回，胸部肌肉隆起，双目前视，神态慈祥而善良……""这些佛坛上的造像，全部木雕而成。其造型隽秀，肌肤丰润，表层或贴金或敷彩，各具特色。各像躯体丰硕，骨骼健美，姿态凝重，神情慈祥而善良。站在这些造像的前面，不仅感到他们有佛、菩萨宽仁厚德的慈爱，似乎还有世人之间相遇相携的情感。至于造像之美，肌肉之盈，如果不是木质的硬度，似乎可以感到其血脉的跳动和肌肉的弹力。"像这样精美的描述，俯拾皆是，使读者不觉沉醉其间……

朔州崇福寺金建弥陀殿

生平简表

1934年　　10月4日，出生于山西临汾东宜村。祖辈们都生活在这里，以务农为主。祖父柴作梅兼营中药铺，父亲柴延盛毕业于山西大学堂，母亲孙亲女临汾泊段村人。

1937年　　三岁，父亲柴延盛去世，年仅二十九岁，具体时间、原因不详。后半年，因日寇侵犯，避难参峪村。年末，祖父柴作梅病故，享年五十七岁。

1941年　　七岁，在参峪村始读小学一年级。因战争动荡，学业时续时断。后转入姑射村读小学三、四年级。

1945年　　抗日战争胜利。年末，返回东宜村生活，遂考入界峪村高等小校（小学五、六年级）。次年转入刘村高等小校，读六年级。6月，小学毕业。7、8、9三个月就读于北刘村初级中学。10月，欲图南下，未果，辍学回村务农。

1952年　　在临汾市参加建筑、经济、成本等各种专门知识培训。

1954年　　元月，返村。2月，来到太原市，经父亲同学徐德俊介绍，到省博物馆做临时工。9月，经省博物馆高寿田副馆长介绍，到太原晋祠文物管理所参加献殿修缮工程，后任施工员。

1955年　　7月，结婚。9月，省房地产公司介绍转入太原晋祠文物管理所工作。10月1日，经山西省文物管理委员会批准后正式录用。

1956年　　9月，第一次主持晋祠圣母殿内侍女塑像防潮石座的选料、加工和安装工程，对塑像进行事先搬迁，事后复位，并进行圣母殿殿顶防漏勾抿维修。

1957 年 　2 月，调往五台佛光寺文管所工作。4 月至次年 6 月，与郎凤岐共同主持五台山显通寺无量殿翻修工程。冬春季节，实地勘察五台山内外全部寺庙，了解寺庙文物保存情况。

1958 年 　8 月，从五台佛光寺文管所调回省文管会，随即派至芮城永乐宫，筹备永乐宫迁移的前期工作。

1959 年 　1～2 月，筹备召开永乐宫迁建会议。3 月，在太原召开永乐宫迁建会议。经省委批准，正式成立山西省永乐宫迁建委员会。永乐宫迁建工程正式启动。受迁建委员会派遣，承担永乐宫迁建施工及工程管理，长达八年之久。

1966 年 　8 月，永乐宫迁建工程全部竣工。"文化大革命"开始，并被扣上"走资派、反动学术权威，为吕洞宾兴修庙宇的黑干将"三顶帽子进行批斗，后又进入"学习班"。

1970 年 　胃溃疡病逐渐加剧，由一处糜烂变成两处，痛苦无奈。后经手术治疗，住进山西二院，一刀切去胃的四分之三。

1972 年 　进行五台南禅寺现状勘察和发掘。因该寺大殿残损严重，随即进行修缮加固设计工作。同年秋，进行洪洞广胜上寺后大殿残损现状勘察，并进行修缮加固设计。

1973 年 　年初，勘察发现繁峙岩山寺金代壁画价值很高，并报呈国家文物局。7 月，陪同全国著名专家杨廷宝等赴五台南禅寺勘察，并汇报修缮加固设计方案和发掘出的大殿前不规则月台，极具文物价值。设计方案得到专家们的一致赞叹！后经国家文物局批准，付诸实施。

1974 年 　主持南禅寺大殿修缮复原工程。

1975 年 　南禅寺工程竣工，国家文物局王冶秋及其专家组实地验收，评价甚好。

1976 年 　赴实地勘察山西各县现存古代建筑、壁画、彩塑、琉璃等不可移动文物，有不少新的重要发现。

1977 年 　7 月，第三次（前两次分别是 1972 年和 1974 年）陪同赵朴初考察山西寺庙文物，时近月余，受益匪浅。

1978年　年初，被任命为省文管会古建筑队副队长。从此，更进一步开始了全省范围内地上地下不可移动文物的勘察和修缮保护。

1979年　年初，为《文物考古工作三十年》一书撰写《三十年来山西古建筑及其附属文物调查保护纪略》一文，第一次公布山西宋金以前（公元12世纪以前）木结构古建筑占全国同时期木结构古建筑的70%以上的调查结果，受到国家文物局、山西各级领导及全国学术界广泛重视，也是山西被确定为文物大省的重要条件。省委特将此文印发厅局和各地市领导同志以及山西籍的外省市的领导同志。12月，山西省文物管理委员会提升为山西省文物局，原下属古建队相应地被批准成立山西省古建筑保护研究所。时任副所长。

1981年　受国家文物局委托，主持由十六个省市参加的古建筑培训班，并讲授其中的四个课题。上世纪80~90年代，为几所高等院校及省内外举办各种类型的文物培训班，受聘讲课，或学术讲座。

1982年　继续勘察山西古建筑及其附属文物，并指导一些重点维修工程和加固工程。

1984年　5月，被任命为山西省古建筑保护研究所所长、总工程师。7月，随山西五台佛事赴日考察团赴日本考察寺庙三十多座，时近月余。

1985年　为《山西风物志》撰稿14万字，并任编委，由山西人民出版社出版。2月21日，因胆囊结石在山西医学院第二附属医院做胆囊切除手术。

1986年　参加编辑《山西古建筑通览》，由山西人民出版社出版。同年，主持朔州崇福寺弥陀殿大修设计。

1987年　与金维诺、史岩二先生分别合著《中国美术全集·绘画编·寺观壁画》、《中国美术全集·雕塑编·五代宋雕塑》

（人民美术出版社出版）。开始主持朔州崇福寺弥陀殿大
修工程施工，历时四年。

1988 年　4 月，越级晋升为古建筑专业研究员。同月，受国家文
物局指派赴西藏布达拉宫勘察，并主持总体修缮方案设
计，七部委审核后报请国务院批准实施。同年 11 月，母
亲病逝。

1989 年　研究并撰写《繁峙岩山寺》专著，次年 10 月出版。

1990 年　研究并撰写《山西琉璃》专著，次年 5 月出版。

1991 年　10 月，以《中国·山西文物精华展览》为题，赴意大利
参加万国博览会《中国文物精华展》开幕式。朔州崇福
寺弥陀殿大修工程竣工，经国家文物局专家组验收，效
果良好。主持太原晋祠圣母殿基础勘探和大修工程设计。

1992 年　勘察研究并测量山西寺观壁画，并指导全省一些重要古
建筑大修工程。

1993 年　施工专著《朔州崇福寺弥陀殿修缮工程报告》出版，两
年后由日本专家铃木充翻译为日文版刊行。开始主持太
原晋祠圣母殿基础加固和大修工程。

1994 年　第二次赴香港、澳门及东南亚各国，联系古建筑模型陈
展事宜，欲图把山西古建筑推向海外（第一次是1992年）。

1996 年　3 月，调任山西省文物局总工程师。检查指导全省古建
筑保护修缮工程。5 月，专著《朔州崇福寺》出版。6 月，
晋祠圣母殿修缮工程竣工，经国家文物局局长及专家组
验收，评价甚好。

1997 年　任山西平遥申请世界文化遗产领导组副组长，同年申
遗成功。12 月，专著《山西寺观壁画》出版。

1999 年　年初，任应县木塔保护修缮工程管理委员会副主任兼总
工程师。组织科研单位和高等院校的专家对木塔残损现
状和加固方案进行勘察与研究。3 月，赴台湾验收失盗
的灵石县资寿寺十八罗汉头像，并参与接收运回。6 月，
《中国古建史论丛书》系列之一《柴泽俊古建筑文集》出

版。8月，指导完成灵石县资寿寺十八罗汉塑像复原加固工作。

2000年	元月，施工专著《太原晋祠圣母殿修缮工程报告》出版。
2002年	6月，邀请七位院士及四十多位专家学者在太原召开应县木塔修缮方案评审会。9月，专著《解州关帝庙》出版。
2003年	6月，住北京301医院,做脑部、心脏介入手术。
2004年	4月，参加山西省文物局和木塔修缮办公室向国家文物局汇报应县木塔修缮勘测及设计工作情况。12月,退休。
2006年	元月，专著《洪洞广胜寺》出版。3月，专著《山西佛寺壁画》出版。为山西省文物局编辑的《山西文物建筑保护五十年初编》撰文《五十年来山西文物建筑保护工程及其成就》，共计五万字，同年11月份刊印。
2007年	6月，住进北京同仁医院，左眼眼球晶体被摘除。
2008年	4月，专著《山西古代彩塑》出版。7月，三晋文化研究会召开《山西古代彩塑》出版座谈会。
2009年	5月，住山西省人民医院，对下肢双侧髂外动脉、股动脉管腔闭塞及双侧胫前后动脉中重度狭窄，进行支架介入治疗。6月，《柴泽俊古建筑修缮文集》出版。8月，《中国文博名家画传》系列之一的《柴泽俊》出版。

（**注**：凡没有注明出版社的著作，均由文物出版社出版。）

后　　记

　　我与柴泽俊先生相识于上世纪80年代中期。记得那时候，我在文物出版社刚当上编辑不久，正好接手为迎接建国四十周年而推出的重大出版工程《中国美术全集》的编辑任务。也许是机缘巧合，我独立承担的《寺观壁画》分册的主编之一就是柴泽俊先生。他负责山西这座"中国古代建筑宝库"内众多佛寺道观所描绘的精美壁画的编选工作，撰写了有关山西寺观壁画源流、现状、内容和艺术风格以及独特制作方法的专论，同时还分担了山西部分的图版说明。他对山西古代建筑了如指掌的熟悉程度和娓娓道来的精辟见解，给我留下了极为深刻的印象。慢慢熟悉后，我才了解到柴泽俊先生出身贫寒，刚上中学即辍学，从农村进城，靠打临时工而进入文博系统工作。他在中国古代建筑领域所获得的知识、技巧和所有成就，都是靠工作之余废寝忘食地刻苦自学而来。他学历不高，却在长期的工作实践中勇于探索，细心收集相关资料，乐于写作，笔耕不辍。早在公元1958年初，他就为刚刚成立一年多的文物出版社编写了《晋祠》这本小册子，并由此与文物出版社结下了难舍难分的笔墨情缘……当得知柴先生的奋斗历程以后，我对他的敬佩之情便油然而生，我们之间的友谊也超越了一般作者与编辑的关系而愈加深厚。

　　上世纪90年代初，我在文物出版社开始专门从事各类中国古代建筑图书的编辑工作，其中着力探索的是如何把对中国古代建筑的保护与编辑出版工作结合起来。为此，我与柴先生在古建出版事业上的交往就愈加密切了。从公元1991年，我编辑出版柴先生的第一本八开大型学术图集《繁峙岩山寺》开始，近二十年间柴先生把他在山西古代建筑保护与修缮领域所取得的绝大多数研究成果都十分信任地交给我来编辑出版。其间推出的图书有三个系列：第一类是八开大型全面记录性图集《中国古代建筑》。这套图集中所收录的柴先生有关山西的专著有《朔州崇福寺》、《解州关帝庙》和《洪洞广胜寺》。第二类是八开古建艺术专题图集。柴先生的专著有《山西寺观壁画》、《山西佛寺壁画》和《山西古代彩塑》。第三类是十六开古建论著和古建筑修缮工程报告。柴先生的著述有《柴泽俊古建筑文集》、《柴泽俊古建筑修缮文集》、《朔州崇福寺弥陀殿修缮工程报告》和《太原晋祠圣母殿修缮工程报告》。另外，柴先生还有一些与别人合著的学术图集也交由我来编辑。例如，《太原崛嵬山多福寺》和《大同华严寺》。

　　正是在这种长期的合作中,我对柴先生的人品与学问有了更加深刻的感受和了解。他的道德文章和对古建事业的执着追求也深深地感染了我,使我能够坚持在古建图书的编辑领域默默地耕耘。近年以来,我在策划与编辑《中国文博名家画传》时,当我撰写了《王世襄》和《罗哲文》两书以后,柴泽俊的奋斗历程和音容笑貌总在我的脑海里浮现……为他写一本书的念头时常萦绕心中。可惜事务缠身,总是迟迟不能动笔。去年上半年见到柴先生时,我又提到此事。柴先生知道我的难处,便推荐二女婿张传泳与我合作,进行前期图文资料的收集和初稿的草就。张传泳同志的工作很迅速而有成效。正如他自己所述:"产生写这本书的想法是 2008 年 7 月中旬才有的。在家中看到我的岳父,年已七十五岁的柴泽俊老人,由于健康的原因,视力减弱,行动不便,仍伏案撰文,心中便觉阵阵绞痛。老人从事古代建筑五十余年,虽说成就斐然,著述丰厚,但长期风餐露宿,勘察跋涉,仅永乐宫一呆就是八年。南到永济,北到五台、大同,足迹遍布山西。与家人聚少离多,又经历次运动、数次手术,身心俱创。每念及此,便觉要把这些都记录下来。余平生喜爱读书,但不求甚解,终碌碌无为。待到提笔写作时,只恨胸中笔墨甚少,力不能达。但作为晚辈责任使然,愿将其精神、人格、成就启迪后人,遂于八个月后停笔草成。"

　　我接到这部书的初稿后,根据这套书的体例和要求,在目录和章节上进行了大刀阔斧地删改,将其文稿缩减了一半,并对全部书稿按照我对柴泽俊先生的认识与理解进行了逐字逐句地重新修改和润色。本书除了翔实的文字,还配有一百四十余幅反映柴泽俊生平的图片。这些图片是从上千幅图片中选择出来的。只想对柴先生所处的时代有所记录,但仍不能尽意。其原因是当年许多照片的拍摄者就是柴泽俊本人,图像中很少有他的形象。书中所选用的一些字画、信件、证书和著作等,是由柴先生的儿子柴东强补充拍摄的。他与张传泳同志几次赴临汾东宜、参峪各村走访,拍摄了柴泽俊出生地和小学校等故址,从而使这本画传更加丰富而完整。

　　此书的出版展示了柴泽俊对中国古代建筑保护与维修事业的执着追求和奋斗人生,必将启迪来者,循迹前行。这是一件作为挚友和长期的工作伙伴应该去做而又令人十分高兴的事情!

周　成

公元 2009 年 8 月 1 日于北京

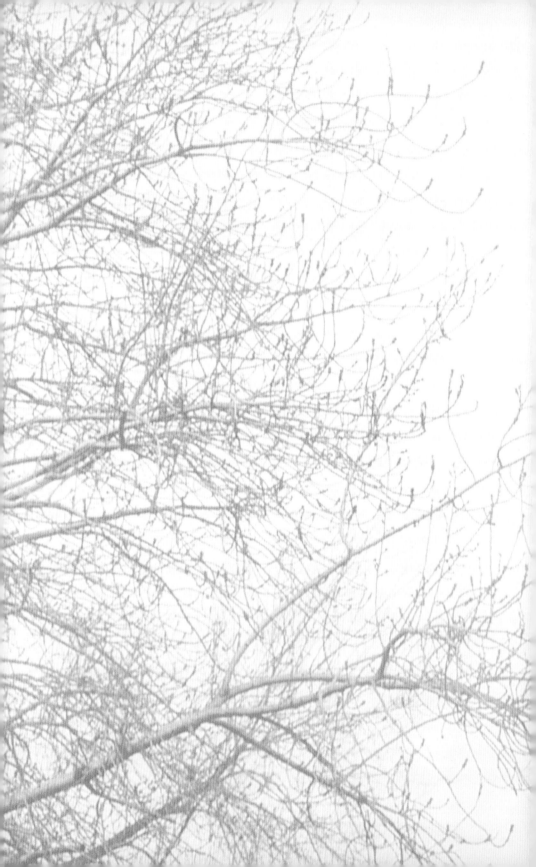